相続は〝普通の家庭〟が一番危ない

元国税調査官

大村大次郎

Ohjiro Ohmura

かや書房

はじめに

本書は、「普通の家庭」の相続マニュアルです。

超高齢化社会を迎えている日本では、多死社会でもあり、かつてないほど相続件数が増えています。老親がいたり、親族や自分自身が高齢化し、相続の心配があったりという人も多いと思われます。

この相続については、昨今、様々な社会問題が生じています。

相続税が払えずに親の家を手放さなければならない人、逆に親の家の処分に困り空き家問題となってしまった人、相続で兄弟ともめ泥沼の争いになってしまった人。

こういう相続問題の多くは、実は「普通の家」で生じているのです。相続税法の改正により課税対象者が拡大され、普通の家庭でも相続税が生じる可能性があります。また資産家はあらかじめ相続の準備をしていますが、普通の家の人は「相続なんて関係ない」と思っているので、まったく準備をしていません。そのため、いざ相続が始まったときに、とんでもない問題が生じてしまうのです。

しかし相続で起きる問題の多くは、ちょっとした知識と準備さえあれば、防げるものなのです。

そういう「ちょっとした知識」と「準備の方法」をご紹介しようというのが本書の趣旨です。「普通の家」であれば、相続税などはちょっとした準備で簡単に回避することができますし、ちょっとした知識を持っていれば空き家問題を防ぐこともできます。

また事前に相続問題を話し合うことで親族との争いも避けることができます。

相続問題でもっとも重要なことは、なるべく早く取り掛かることです。人はいつ死ぬかわかりませんから、相続問題はいつ生じるかわかりません。

だから、親が亡くなった時、自分が死んだ時の準備は、今すぐ取りかかっても早すぎることはないと言えます。そして、早く準備していれば相続問題を避けられる可能性も高くなるのです。

その際の道しるべとして活用していただけるように本書をつくりました。なるべく専門用語などは使わず、わかりやすく書いておりますので気軽に読んでください。

大村大次郎

相続は〝普通の家庭〟が一番危ない

目次

法定相続の権利「遺留分」とは？
遺言書とは？
遺言書はどうやって作ればいいのか？
遺言書だけでは不十分
普通の人にも相続税がかかる可能性が
家を持っている人は要注意
子供のために生命保険を掛けている人も要注意
「信託相続」を知っておこう

第2章 相続税って何？

相続税のかかる財産とは？
家族名義の預金口座が含まれることもある
死亡前後に引き出したお金も対象になる
遺産が「現金」ならば隠せるか？
妻のへそくりも相続資産になる？
死亡退職金にも相続税はかかる
相続税がかからない財産
墓は生前に買っておこう
いくらくらいの遺産で相続税が課せられるか？
妻と子供二人の場合の課税最低ラインは？
相続税の計算方法
子供、配偶者、親以外の相続人は税金が2割増
〝普通の家〟の相続税額は意外と少ない
相続税はどんなときに申告が必要か？
相続税の申告要件

第3章 少しの準備で相続税はゼロにできる

“相続ビジネス”に気をつけろ!
本当にアパート経営は相続税の節税になるのか?
アパート経営節税のほとんどが失敗する理由
アパート経営は本末転倒になる可能性が高い
純金は相続税対策に使えるか?
お墓は買ったほうがいいのか?
税理士にも悪い奴はいる
相続税の申告を自分でやる方法
税務署を使いこなす方法
税理士は賢く利用しよう
税理士は誰だっていいわけではない

第6章 庶民でも簡単! 海外居住すれば相続税はゼロ?

監修●寺西 遊
装丁●冨田晃司

序章
〝普通の家庭〟の相続が危ない

わずかな遺産が大問題に

団塊の世代がそろそろ寿命を迎えつつあり、日本中の家庭で相続が発生しています。そして相続にはトラブルがつきものです。

しかし〝普通の家庭〟の場合、次のように思っている人が多いのではないでしょうか？

「うちは大した財産もないから遺産で揉《も》めることはない」

と。

しかし、この考えは大きな間違いなのです。

というのも、人というのは「遺産」に弱いのです。

遺産というのは、自分で稼いだものではありません。親や親族が蓄えたものです。それが突然手に入るわけですから、思わぬボーナスのようなものです。

資産家の遺族の場合は、日頃から一族全体で遺産の分配には気を付けていますし、誰が何をもらえるかなどについては話し合っていることが多いので、相続になってもそれほど大きなトラブルには発展しにくいのです。

しかし普通の人の場合は、生前は相続のことを意識していません。どうせ大した資産はないんだから、と思っています。

しかし、いざ相続が始まり、遺産を遺族で分配するということになると、臨時収入が得られるような気分になってしまいます。そうなると、急に欲が出てくるのです。

そして、「少しでも余計に欲しい」「どうせならできるだけたくさんもらいたい」ということになってしまうのです。

普通の人の相続対策で、何よりも気を付けなくてはならないのが、「争族」です。「争族」というのは、相続において遺族同士が争いになってしまうことです。

この争族は、相続税よりもよほど大きな問題だと言えます。

相続税ならば、払ってしまえば解決します。そして、相続税というのは、どんなに高くても遺産の範囲内で支払うことができます。また遺産数千万円程度の相続税は、それほど高くなく、せいぜい税率は10%～20%で収まります。

が、争族はそう簡単には解決しません。

一旦、争族が勃発してしまうと、非常に長引きますし、永遠に解決しない場合も少なくないのです。

親が亡くなったときに相続で争ったばかりに、その後、まったく没交渉になってしまったという兄弟姉妹はいくらでもいます。その多くが大した資産でもないにもかかわらず、そんな結果になっているのです。

税務署への密告者でもっとも多いのは親族

わずかな遺産を巡って、兄弟姉妹、親類たちが相争《あいあらそ》い、裁判沙汰になったり没交渉になったりするケースはいくらでもあります。

また血縁者だけならば、まだいいのですが、姻族《いんぞく》（配偶者の血族と血族の配偶者）が絡んでくるとかなり面倒になってくるのです。

父親が死亡して、母親と子供たちだけで相続をするのならば、そう揉めることはありません。が、子供たちがそれぞれ結婚して配偶者がいる場合は、その配偶者が口を出してくるのです。

配偶者の場合は、母親やほかの兄弟に対して、遠慮はありませんから、とにかくもらえるだけもらおうという気持ちになる人が多いのです。それにより、途端に、「争族」が始まってしまうのです。

兄弟姉妹や親類同士による「争族」がいかに多いかということの簡単な例を挙げたいと思います。

筆者は元国税調査官ですが、「争族」ということに関しては嫌と言うほど耳にしてきました。

実は税務署というのは、市民の密告を奨励している役所です。市民に対して広く脱税の密告を募っているのです。以前は密告に関して報奨金までありました（現在はさすがに廃止されています）。

が、税務署では現在も市民の脱税タレコミを積極的に受け付けており、市民からの密告を受け付ける担当もあるのです。実際に、市民から脱税情報が多数寄せられます。

そして、この市民からの密告でもっとも多いのが、相続に関するものなのです。しかも、身内からのものが圧倒的に多いのです。

どういうことかというと、身内が「だれだれは遺産を隠しているようだ」というタレコミをするわけです。

遺族の中で、誰かが遺産を隠しているのではないか、という疑心暗鬼が生じ、それを税務署に密告し、調べてもらおうとしているのです。

こういう情報は、大した証拠もない場合が非常に多いのです。税務署としても、大した証拠もない場合は、密告があっても簡単には税務調査することはできません。

そもそも相続税がかかるほどの遺産がないケースが多いのです。にもかかわらず、親族は税務調査をしてほしくて密告をするわけです。

この身内からの密告が多いという事実には、税務署員でさえ気分が塞ぎます。

「法定相続人」の範囲はかなり広い

兄弟姉妹、親族同士が争族になりやすい原因として、「法定相続人」の存在があります。

法定相続人というのは、法律上、相続する権利を持っている人たちのことです。遺言書などがない場合は、遺産はこの法定相続人に分配されます。その代わり法定相続人は、相続税などの納税義務が生じます。

また遺言書があっても、遺言書の内容に不満がある場合、法定相続人には一定の割合で遺産を受け取る権利があります。この権利のことを「遺留分」と言い、この遺留分があるので、相続がややこしくなっているのです。

そして法定相続人は、個人との関係により、遺産に対する権利の割合などが決まっています。たとえば、配偶者であれば、権利の割合が大きく、次いで親や子供など直系尊属、その次に兄弟姉妹という順番になっています。

しかも、この法定相続人の範囲というのは、かなり広いのです。

法定相続人の範囲というのは、子供がいるかいないかによって大きく違ってきます（詳細は後述）。

子供がいれば、原則として法定相続人は、配偶者と子供の間で収まります。そして、配偶者と子供だけならば、話し合いで解決できる可能性が高くなります。

が、子供のいない夫婦の場合は、法定相続人は親や兄弟にも及びます。

まず親が生きている場合、3分の一が親の取り分になります。そして親がすでに亡くなっている場合は、兄弟姉妹にも法定相続人が広がり、兄弟姉妹は4分の一の法定分配権を得ることになります。

この「親と兄弟」にまで法定相続人の範囲が広がったときに、争族が非常に起きやすくなるのです。

兄弟姉妹が法定相続人だけれど、すでに死亡している場合は、その子供、つまり個人から見れば甥や姪にまで法定相続人の範囲が広がるのです（詳しくは後述）。こうなると相続は本当にややこしくなります。

〝普通の家庭〟は相続対策をしていない

そもそも〝普通の家庭〟には、相続において大きな問題があります。

というのは、ほとんどの普通の家庭では日頃から「相続対策をしていない」のです。資産家であれば、日頃から自分の資産を親族に分配することを心がけていますし、遺言書の作成や遺産分配の親族会議なども行っています。

しかし、普通の家庭の場合、そういう相続対策的なことはほとんど行っていない場合が多いのです。

「その人が生きているうちに遺産の分配を話し合うなどというのは不謹慎」というような意識が日本人の多くにあるようです。

〝普通の家庭〟の多くは相続対策をしていませんので、必然的に相続に関する知識もほとんどありません。

どのくらいの遺産があれば相続税がかかるかも、ご存じない方が多いようです。

そして〝普通の家庭〟の場合、日頃から税金と深い付き合いをしていません。資産家や経営者、大口投資家などは、所得税、法人税などで日頃から税金対策をしていることが多いのです。また税理士に依頼している人も多いですし、税務署にも行きなれているものなのです。

しかし、〝普通の家庭〟の場合、特にサラリーマン家庭では、収入に関する税金はほとんど会社がやってくれるので、税務署にはほとんど縁がないという方も多いはずです。

〝普通の家庭〟のほとんどは、「自分たちは相続税など関係ない」と思っています。が、2015（平成27）年の税制改正で、3600万円以上の遺産があれば相続税が課せられる可能性が出てきました。そのため、ごくごく普通の家庭でも相続税がかかることがあるのです。

　だから普通の家庭の多くでは、いざ相続が生じたときに税金がかかることがわかって大慌てになるというようなことが生じるのです。

相続対策は早ければ早いほうがいい

　相続においてもっとも重要なことは、「事前準備」です。

「事前準備」をきちんとやっていれば、相続というものはそう慌てる必要はありませんし、大きなトラブルになることもありません。

　ほんの５～６年の準備期間さえあれば、普通の人の相続問題のほとんどは解決できます。が、このほんの５～６年の準備をしないばかりに、泥沼の相続問題に陥《おちい》ってしまうのです。

　そういう相続の様々な問題を回避するには、遺産はなるべく自分の生きているうちに分配してしまうことです。

　遺言書で、遺産の分配方法を明示しておくという手もありますが、遺言書に遺族が納得いかなければ、遺留分を請求される可能性がでてきます。

そうなると、争族に発展しやすくなってしまいます。

それを防ぐには、自分が生きているうちに、資産の分配をしておくことです。

生きているうちに自分で分配をするのならば、自分の思った通りの配分で資産を分配することができますし、家族たちも文句のつけようがありません。遺族が争うということは、だいたいこれで防げるのです。

理想を言えば、自分が死ぬときには、すべての遺産の分配が終わっていることです。そこまではなかなかいきませんが、それに近づけることはできます。

庶民の場合、遺産の額自体はそれほど大きくはありませんので、本気になって資産を分配しようと思えば、4～5年程度の期間があれば資産のほとんどを分配してしまうことができます。

「税金を回避しながら生前にすべて分配」が最善

前項では、生前に資産を分配してしまうのが理想だと述べましたが、その際には大きなハードルがあります。

そのハードルとは、「贈与税」です。

日本には、贈与税という税金があります。

年間110万円を超える贈与があれば贈与税が課せられるのです。親子や親族といえども、年間110万円を超えて金銭や経済価値のあるものを贈与されれば、贈与税がかかってきます。

この贈与税は、相続税のとりっぱぐれを防ぐためにつくられた税金です。

資産家は相続税を減らすために、あらかじめ自分の資産を親族に移しておこうとします。生前に自分の資産を誰かに贈与しておくのです。しかし、それを無条件で許してしまうと、相続税が取れなくなってしまいます。

そのために贈与税があるのです。

しかも贈与税の税率は、けっこう高いのです。

相続税のとりっぱぐれを防ぐためにつくられたものなので、税率は相続税と連動しています。

次ページの表のように相続税の最高税率は55％ですが、贈与税の最高税率も55％なのです。しかも、相続税の最低課税額が3600万円なのに対し、贈与税は110万円です。

つまり、相続税は遺産が3600万円以上にならなければ課税されませんが、贈与税は110万円を超える贈与で課税されてしまうということです。

だから、うかつに親族に金品を贈与することはできないのです。

が、贈与税にもいろいろ控除枠や特例措置があります。それを上手に使えば、かなりの資産を生前に分配することができるのです。

最良の相続対策というのは、「贈与税を逃れつつ生前に資産を分配してしまう」ということだと言えます。これができれば、税金も払わなくて済むし、争族も防ぐことができるのです。これは、大富豪であっても普通の人であっても同じです。

本書でもこの「贈与税を逃れつつ生前に資産を分配してしまう」ということをテーマに、その方法をご紹介していきたいと思っています。

贈与税の税率（一般贈与財産用）

基礎控除後の課税価格	税率	控除額
200万円以下	10%	―
300万円以下	15%	10万円
400万円以下	20%	25万円
600万円以下	30%	65万円
1000万円以下	40%	125万円
1500万円以下	45%	175万円
3000万円以下	50%	250万円
3000万円超	55%	400万円

相続税の税率

基礎控除後の課税取得資産	税率	控除額
1000万円以下	10%	―
3000万円以下	15%	50万円

5000万円以下	20%	200万円
1億円以下	30%	700万円
2億円以下	40%	1700万円
3億円以下	45%	2700万円
6億円以下	50%	4200万円
6億円超	55%	7200万円

第1章
相続の基本的な仕組み

相続の基本的な仕組み

相続問題を論じる前に、まず相続というものの仕組みをざっくり説明したいと思います。

相続というと、漠然と「親から子供へ遺産が分与される」というイメージを持たれている方も多いと思います。が、相続というのはそう単純なものではなく、権利関係などがかなり複雑に入り組んでいます。なので、まずはそれを整理したいと思います。

「そういうことは、もう知っているよ」

という方は、この部分は読み飛ばしてください。


相続は、まず誰かが遺産を残して死亡したときから始まります。

この遺産を誰がどう受け継ぐかが「相続」ということになります。

遺産を受け継ぐのは、家族や親族というイメージがありますが、実は遺産というのは、誰がもらってもいいことになっています。故人がまったく血のつながっていない人に遺産をあげたいということであれば、そうすることも可能なのです。

遺産の分配方法は、原則としては自由なのです。

そして遺産の分配方法は、まず個人の意思が尊重されます。次に遺族の同意が尊重されます。極端に言えば、故人が望み、遺族が同意さえしていれば、どういう分配方法をしてもいいのです。

法定相続人って何？

しかし、遺産は自由に分配できるといっても、故人が遺産分配の意志を示さずに死亡した場合などには、混乱が生じます。

また故人の遺産は、誰かに責任をもって管理してもらわなければなりませんし、分配方法を最終的に決める「遺族」の範囲を定めておかなければ、争いの元となります。

そのため法律では「法定相続人」というものが決められています。

法定相続人というのは、家族や親族などで法的に相続する権利が認められている人のことです。そして、遺産の分配方法を最終的に決め、相続税の申告をする義務があるのも、この法定相続人です。

そして、法定相続人はその立場に応じて、遺産をどのくらい分配してもらえる権利（法定分配率）があるかが定められています。

故人が遺言などを残していない場合は、この法定分配率に応じて遺産をもらえる権利が生じることになります。

この法定相続人は、「何親等までの親族」というように関係の度合いで範囲が決められているわけではありません。故人の家族状況によって範囲が変わってくるのです。

そして、故人に子供がいるかいないかで大きく変わってきます。

故人に子供がいるかいないかでの法定相続人の範囲と、法定分配率は次の通りです。

被相続人（資産を残して死亡した人）に子供がいる場合の法定相続人

	被相続人の配偶者がいる場合	被相続人の配偶者がいない場合（死別もしくは離別）
法定相続人	配偶者と子供	子供

遺産の法定分配率	配偶者が2分の一、残りの2分の一を子供で分ける	遺産全部を子供で均等に分ける

被相続人（資産を残して死亡した人）に配偶者はいるが子供はいない場合の法定相続人

	被相続人の両親が生きている場合	被相続人の両親はいないが兄弟はいる場合
法定相続人	配偶者と両親	配偶者と兄弟
法定分配率	配偶者が3分の二、残りの3分の一を両親で分ける	配偶者が4分の三、残りの4分の一を兄弟で分ける

甥や姪が法定相続人になる場合もある

子供のいない夫婦の場合、気を付けなくてはならない点があります。

それは、配偶者の親や兄弟姉妹だけではなく、兄弟姉妹の子供（つまり甥や姪）にも、法定相続権が発生する場合があるのです。

前にご紹介したように、子供のいない夫婦の場合、相手の両親が死亡しているときは、兄弟姉妹に法定相続権が発生します。しかし、その兄弟姉妹も死亡していて、その兄弟姉妹に子供（つまり甥や姪）がいる場合、代襲《だいしゅう》相続というものができるのです。

子供のいない夫婦のどちらかが死亡した場合で、故人の親が死亡しているときの相続関係は次の表のようになります。

この甥や姪に、法定相続権が生じた場合が、非常に厄介なのです。

現代では、甥や姪とは疎遠になっているケースも多く、連絡を取るだけでも一苦労という場合が多いのです。疎遠になっている甥や姪は、遺産に対しても遠慮がないので、「もらえるものはもらおう」という態度に出ることも多いのです。

状況	配偶者の法定取り分	その他の法定取り分
被相続人の兄弟がいる場合	配偶者が4分の三	残りの4分の一を兄弟で分ける

被相続人に兄弟はいるが一部死亡していて、死亡した兄弟に子供がいる場合	配偶者が４分の三	残りの４分の一を兄弟の人数分で分け合い、死亡した兄弟の分はその兄弟の子供で分け合う
被相続人に兄弟はいるがすでに皆死亡していて、死亡した兄弟に子供がいる場合	配偶者が４分の三	残りの４分の一をまず兄弟（故人）の人数分で分け合い、各故人の子供たちが故人分を分け合う

特に「子供のいない夫婦」が争族になりやすい

「争族」において、もっとも気を付けなくてはならないのは「子供のいない夫婦」です。結婚しても子供はつくらない共働き夫婦のことを指す「ＤＩＮＫＳ」という言葉が流行したのが、30数年前です。ＤＩＮＫＳというのはダブル・インカム・ノー・キッズということです。

30数年前のＤＩＮＫＳたちも、そろそろ60代や70代になりはじめているはずです。

このDINKSの夫婦は、世帯収入が多い傾向にあり、教育費もかからないことから、ある程度の資産を持っていることが多々あります。都心部の広めのマンションを早くから購入しているようなケースも少なくありません。

こういうDINKS的な夫婦のどちらかが死亡した場合、思わぬ「争族」になることが多いのです。

子供のいる夫婦の場合、夫婦のどちらかが亡くなったときには、資産の配分はまず配偶者の生活が優先されることが多いのです。

父親が亡くなり、母親が残されたとき、ほとんどの子供は、遺産はまず母親の生活のために使うべきだと考えるはずです。母親の生活を保つには十分な遺産があり、それ以上に余っているときに、遺産を分配しようということになります。

が、子供のいない夫婦の場合は、故人の親か兄弟に法定相続権が生まれます。残された配偶者は、故人の親や兄弟にとっては「他人」です。それまでの関係も決して良好ではないかもしれません。嫁と姑は、古今東西で関係は悪い傾向にありますから、その可能性は非常に高いのです。

となると、親兄弟は残された配偶者の生活のことなどはあまり考えずに、自分たちの権利だけをしっかり主張してくることも生じます。実際にそういうケースは多々あるのです。

たとえば、夫婦で頑張って家を買い、やっとローンを払い終えたころに、夫が死亡したとします。遺産らしい遺産は、その家くらいでした。その家は夫婦で頑張って建てた家です。でも、夫の親には3分の一の法定相続権が生じます。また夫の親がすでに死亡しているときには、夫の兄弟に4分の一の法定相続権が生じます。

そして夫の兄弟が、家の権利の4分の一の金銭をよこせと言ってくるようなケースは非常に多いのです。

独身者の相続もかなり面倒

最近では、独身者もかなり増えており、独身のまま死亡する人も今後激増すると思われます。

この独身者の相続も、子供のいない夫婦同様に、かなり面倒なことになります。

法定相続人の基本系は、「配偶者」と「子供」です。故人に「配偶者」と「子供」がいれば、「配偶者」と「子供」だけが法定相続人になれるのです。

が、おひとりさまの場合は、この「基本系」ではありませんので、必然的に複雑になってしまいます。

おひとりさまの場合は、配偶者がいませんので、配偶者がいない場合の法定相続人を検討してみましょう。といっても、かつて配偶者はいたけれど、離別か死別したケースもあります。まずはそのケースから見ていきましょう。

配偶者と離別もしくは死別しているケースで、子供がいる場合は、子供だけが法定相続人になります。

だから子供がいる場合は、法定相続人の範囲は子供だけで止まるのです。ただし、もし子供が死去している場合は、その子供（つまり孫）が法定相続人になります。

子供がいない場合は、両親が法定相続人になります。そして、両親がすでに死去している場合は、兄弟が法定相続人になります。兄弟がすでに死去している場合は、その子供（つまり甥や姪）が法定相続人になります。

次に、未婚のおひとりさまのケースを見ていきましょう。

未婚の場合は、まずは両親が法定相続人となります。両親が生きている場合は、兄弟は法定相続人にはなれません。

両親がすでに死去している場合で、兄弟がいないときには法定相続人は無しということになります。叔父叔母や従弟などが法定相続人になることはありません。

兄弟がいる場合は、兄弟が法定相続人になります。

兄弟もすでに死去していて、兄弟に子供がいる場合は、その子供（つまり甥や姪）が法定相続人になります。兄弟のうち、生存している者と死去している者がいて、死去している者に子供（つまり甥や姪）がいる場合は、生存している兄弟と甥、姪が法定相続人になります。

兄弟もすでに死去し、甥や姪も死去している場合は、それ以上、法定相続人の範囲は広がりません。

いずれにしろ、独身者の相続というのはかなり面倒になる可能性が高いので、独身者の方は事前に、遺産分配や遺言書などの準備をしておいたほうがいいでしょう。また兄弟姉妹などに独身者がいる人は、なるべく早く相続の問題について話し合っていたほうがいいでしょう。

独身者の法定相続人の範囲

	法定相続人となる人	法定分配割合
配偶者と死別か離別し子供がいる場合	子供	子供の人数で均等に分配
配偶者と死別か離別し子供がいない場合 ➡両親が生きている（どちらか一人でも）	両親	両親で均等に分配。 片親の場合は、片親が全部もらう。
配偶者と死別か離別 子供がいない場合 ➡両親死去で兄弟がいる	兄弟	兄弟の数で均等に分配
配偶者と死別か離別し子供がいない場合 ➡両親も兄弟も死去。兄弟に子供（甥、姪）がいる	甥、姪	甥、姪の数で均等に分配
配偶者と死別か離別し子供がいない場合		まず死去した兄弟も含めた兄弟の数で均等に分配し、死去した兄弟の分をその子供（甥、姪）で均等に分配する

⬇両親死去。兄弟には生存者と死去者がおり、死去者には子供（甥、姪）がいる	兄弟、甥、姪	たとえば、故人に兄一人、姉一人いて、姉はすでに死亡し姉の子供が二人（甥と姪）がいる場合 兄が2分の一。 甥と姪が4分の一ずつ （姉の2分の一の分を甥と姪で均等に分ける）
未婚独身の場合 ⬇両親が生存	両親	両親で均等に分配。
未婚独身の場合 ⬇両親が生きている（どちらか一人でも）	両親	両親で均等に分配。 片親の場合は、片親が全部もらう。
未婚独身の場合 ⬇両親死去で兄弟がいる	兄弟	兄弟の数で均等に分配
未婚独身の場合 ⬇両親も兄弟も死去。兄弟に子供（甥、姪）がいる	甥、姪	甥、姪の数で均等に分配
未婚独身の場合 ⬇両親死去。兄弟には生存者と死去者がおり、死去者には子供（甥、姪）がいる	兄弟、甥、姪	まず死去した兄弟も含めた兄弟の数で均等に分配し、死去した兄弟の分をその子供（甥、姪）で均等に分配する。

遺産は誰に与えてもよい

ちょっと、ここで注意していただかなくてはならないことがあります。

法定相続人というと、「遺産をもらう権利がある人」というようなイメージがありますが、遺産は必ず法定相続人にあげなくてはならないわけではありません。

実は遺産というのは、誰にあげてもいいのです。

故人が生前に、慈善事業に寄付をするという意思を示していれば、そうなることもありますし、まったく血縁関係のない人に「世話になったから」ということで遺産を渡すということもあります。

ただし「直系尊属ではない者」が、遺産を受け取った場合、相続税を割増しで払わなくてはならなくなります（詳細は後述）。

法定相続の権利「遺留分」とは？

また法定相続人は、もし遺産分配の方法などに不満がある場合、遺産の半分は「遺留分」として確保され、遺留分が分配されることになります。

どういうことかというと、たとえば、法定相続人が妻一人、子供二人のとき、故人が遺言で財産のすべてを慈善事業に寄付するとしていた場合、妻と子供はそれに不服があったとします。

その場合は、慈善事業に寄付されるのは、遺産の半分だけであり、残りの半分は妻と子供がもらうことになるのです。

遺言などで財産が法定相続人には分配されないことになっていて、それに妻や子供が不服があるときには、法定相続権の半分は遺留分として残されるのです。法定相続権は妻には2分の一あり、子供二人にはそれぞれ4分の一あります。その法定相続権の半分が遺留分なので、妻は4分の一、子供二人はそれぞれ8分の一ずつが遺留分としてもらえることになります。

つまり遺留分というのは、「遺言などの遺産分割に不服があった場合、法定相続権の半分をもらえる」という制度なのです。

ただし、法定相続人が兄弟や甥姪の場合には、遺留分はありません。

遺言書とは?

遺産を〝争族の原因〟とさせないために、もっとも有効なアイテムが「遺言書」となります。遺言書が法的にどういう効果があるのか、ざっくりご説明しましょう。

もし、遺言書がなければ、遺産をもらう権利は法定相続人にだけ生じます。

そして、遺産をどのくらいもらう権利があるかは、「法定分配率」によって決められます。

たとえば法定相続人が配偶者(妻)と子供二人であれば、配偶者が2分の一で、子供二人は2分の一を均等に分け合う(つまり4分の一)ことになります。

遺産の分配は、遺族同士で決めることが原則ですが、もし遺族同士で意見がまとまらない場合は、この法定分配率が法的な効力を持つことになります。

つまりは、遺言書を残さなければ、最終的には「法定分配率」によって遺産は分配されてしまうのです。

しかし、遺言書が残されていて、その遺言書が有効なものであれば、原則はその遺言書通りの遺産分配が行われます。

ただし遺族の中で、遺言書の遺産分配に不服がでた場合は、法定分配率で定められた遺産分の半分までは遺留分としてその遺族が請求することができます。

つまりざっくり言えば、遺言書というのは実質的に、遺留分がある場合は、遺産の半分についての分配方法を決める効力があるということです。

「遺産の半分しか効力がないのか」

と思われる方もいるかもしれませんが、もし遺言書がなければ、遺産の全部が法定分配率に従って分配されることになるのです。

また遺言書というのは、法的な効力のほかにも、遺族に対して強い牽制効果があります。

遺言書があれば、なるべく遺言書に沿った遺産分配をしようということになるのです。

遺言書はどうやって作ればいいのか?

遺言書の作り方について詳細を述べると長くなってしまうので、ここではざっくりとご紹介します。遺言書の作り方の詳しいことは、ネットなどにも出ていますし、法務局などに問い合わせてください。

遺言書というのは、基本的には、それが真実のものであれば、メモ一枚でも遺言書としての効力を持ちます。

が、真実のものかどうかを判定するには時間や労力がかかったりしますので、最初から公的な証明のある遺言書を作成するほうが便利です。

公的な遺言書には、自分自身で書く「自筆証書遺言」や公証人に筆記してもらう「公正証書遺言」などがあり、それぞれに決められた形式、手続きがあります。

また「自筆証書遺言」は、平成30（2018）年の法改正により、かなり簡便になりました。これまでは遺言の全部を自筆しなくてはならなかったのですが、財産目録などは自筆しなくてもいいということになりました。

また令和2（2020）年7月10日からは、希望者に対しては法務局で「自筆証書遺言」を預かってくれるサービスが始まりました。

自宅で保管していると、誰かに書き換えられる恐れがあります。また自宅に保管されたものは、誰かが偽造したのではないかとか疑いを持たれることもあります。

それを防ぐために、法務局が本人確認を行ったうえで、保管してくれることになったのです。もちろん法的効力は非常に強いものとなりますが、これらの公的な遺言書も、絶対ではありません。偽物であることがわかったり、状況的に本人の意思に反しているというようなことが認められた場合は、無効になることもあります。

遺言書だけでは不十分

遺産の分配は、遺言書を残しておけば、それで十分というわけでもありません。

子供や配偶者、親族などの前で、「こうこうこういう理由で、こういう具合に遺産を分配したい」ということを、生前にはっきり言っておくべきです。そのときに、不服がある者に対して、きちんと説得をし、納得させておくべきです。

何度も触れましたが、法定相続人が遺言書に納得しない場合は、遺産の半分は法定の分配率で分配されることになり、それは親族間の確執の大きな要因となります。

なぜ子供たちが親の遺言書の通りに分配しないかというと、納得できないことがあるからです。人というのは弱いもので、目先に利益があると、どうしてもそれを欲してしまいます。また自分より誰かが多くもらうことに対して、異常に不快感を覚えてしまいます。

親の資産について、親を交えて兄弟姉妹が話し合っておくということです。どういう理由でこういう分配をしたのか、それを親が子供たちにきちんと説明しておくのです。

親があらかじめ自分の遺産分配について子供たちと話し合うというのは、なかなか難しいものがあるかもしれません。親としても自分の死んだ後のことを話すのは嫌な気がするでしょうし、子供からもなかなか言い出しにくいでしょう。

が、親のわずかな遺産をめぐって兄弟姉妹が骨肉の争いをすることを思えば、多少の気まずさなどは乗り越えて、話し合いの機会を持っておくべきです。親としても、自分が死んだあと、子供たちが仲たがいして没交渉などになるのは避けたいはずです。

この話し合いがあるのとないのとでは、相続分配の行方がまったく違ってくるのです。

普通の人にも相続税がかかる可能性が

そして相続には、「相続税」という税金がかかってきます。これがまた厄介な問題なのです。

「うちは、そんなに資産がないから大丈夫」

などと思っている方も多いかもしれませんが、そう安心していられるものでもありません。

昨今では、普通の家でも相続税がかかってくる可能性もあるからです。

詳しくは後ほどご紹介しますが、平成27（２０１５）年の税制改正により、３６００万円以上の遺産があれば相続税がかかってくる可能性が出てきたのです。

ちょっと小金を貯めている家庭などでも相続税がかかるかもしれないのです。

数千万円から1億円程度の資産を持つ人は、今の高齢者の中でかなりいるはずです。

1960年代、70年代に就職したいわゆる「団塊の世代」は、最近、定年退職を迎えています。彼らは、高度成長期やバブル期の恩恵を受けたために、比較的、豊かな経済生活を送ってきました。

退職金も、かなりもらっている人も多いのです。

しかし、彼らのほとんどは自分が金持ちだなどとは思っていません。彼らの世代では、もっと成功したり、たくさん稼いでいた人がたくさんいたからです。

「自分の収入はそれほど多くない」

と思っているので、相続対策などはほとんどしていないのです。

「相続」には事前準備が非常に大切です。だから、こういう小金を持っている人も、要注意なのです。

事前準備さえしていれば、「小金持ち」くらいの資産では、相続税などで大きな打撃を受けることはありません。

家を持っている人は要注意

相続税に関しては、家を持っている人も要注意です。

それほど収入が高いという実感がない人であっても、若いころに家を買っていて、その地域の土地が非常に値上がりしていて、家の時価が非常に高いというような人はかなりいると思われます。

特に60年代、70年代などに都心の家やマンションを買っている人は要注意です。60年代、70年代には、かなり割安に買えた土地でも、現在、非常に価格が上がっているというような地域がたくさんあります。「固定資産税」では、なかなか自分の家の時価の大きさを実感できません。固定資産税の場合は、居住用の土地は、通常の6分の一に軽減されているからです。

地価が高いところに家を持っている人は、今、自分の家がいくらくらいの価値があるのか、定期的にチェックしておくべきでしょう。

詳しくは次章で述べますが、家を持っている人の相続税対策方法もたくさんあります。

しかし、あらかじめ準備が必要なので、自分の家が相続税の対象になるかどうかは常に確認しておく必要があります。

子供のために生命保険を掛けている人も要注意

若い人も、相続税や相続の問題は無縁ではありません。

「自分は若くて資産もないから、相続税の心配はない」

そう思っている人たちも多いはずです。

が、実は若くてそれほど資産がないという人でも、相続税がかかってくるケースがけっこうあるのです。

どういう人にかかってくるのかというと、子育て中のお父さんが急死したような場合なのです。

というのも、子育て中の父親は、自分が死んだときのために多額の生命保険に入っていることが多々あります。この生命保険というのは、相続資産にカウントされるのです。

この生命保険金が、相続税の控除額を超えた場合は、残された家族に相続税が発生する可能性があるのです。

若くして、住宅ローンで家を購入したような人にも、同様のリスクがあります。

住宅ローンを組む場合、ほとんどの金融機関が契約者に生命保険加入を義務付けています。ローンの支払い途中で死亡した場合や、高度障害などになった場合、ローンの残額はその生命保険で支払われることになっているのです。

こういう人が死亡した場合、多額のローンを賄うだけの保険金が下ります。住宅ローンは完済されたことになり、この住宅も相続資産の対象となるのです。

詳しくは次章で述べますが、生命保険の受取人を配偶者名義にしておけば、相続税がかかることがほとんどありません。が、子供名義にしておくと、相続税がかかってくる可能性が高くなるのです。

若いからといって、相続税について何も検討していないと、大変な目に遭《あ》うこともあるのです。

「信託相続」を知っておこう

相続をスムーズに行うためのアイテムとして、「信託相続」というものもあります。

信託相続というのは、銀行もしくは証券会社にお金を預けてそれを運用してもらい、そして自分が死亡したときには、自分が指定した相続人に預けたお金が引き渡されるという商品です。

なぜこういう金融商品があるかというと、自分が保有している預金や金融商品というのは、自分が死亡したときには、家族といえども勝手に引き出すことはできないからです（法律上は）。法定相続人すべての同意を得て「相続人を代表してそのお金を受け取る権利を有する」という証文を用意しなければならないのです。

法定相続人が少なく簡単に同意書が得られるのであれば、さほど問題ではありません。

相続の分配方法などすべてが解決しないと、同意書は得られないものですから、子供が多かったり、逆に子供がおらずに親や兄弟も法定相続人になったりするような場合には、なかなか同意書が得られないことも多いのです。

そうなると、遺族は葬儀費用などを賄うのにも苦労するというようなことになりかねません。

そこで、「信託相続」が効力を発揮するのです。

「信託相続」の場合、申し込み時に、これを受け取る相続人がはっきり明記されており、その相続人であれば、すぐにお金を引き出すことができます。

「信託相続」には様々な種類があり、「投資信託タイプ」や「元本保証タイプ」などもあります。元本保証の場合は、ほぼ預貯金と同じなのでこのご時世ではほとんど利子はつきません。また、自分が死ぬ前にも中途解約がすぐにできるタイプなどもあります。

なので、もし「信託相続」に入りたいというような場合は、銀行や証券会社でしっかり説明を聞き、自分に合ったものを選んでください。

ただ、ここで気を付けなくてはならないのが、信託相続という金融商品は「相続税対策」にはまったくならないということです。信託相続で受け取ったお金は、相続税の対象資産になりますので、普通に相続税がかかってきます。

また信託相続をした財産は、遺産とみなされ、遺留分の対象になる可能性があるのです。

つまり、相続人を誰か一人に定めて、すべての遺産を信託相続しても、法定相続人の中に不服があるものがいれば、「遺留分」を渡さなくてはならない可能性がある、ということです。

第2章

相続税って何？

相続税のかかる財産とは？

相続において生じる大きな問題の一つに、「相続税」があります。前述したように、普通の家庭でも相続税はかかってくることがあります。が、ほとんどの方は相続税に関してあまりご存じないと思われます。

なので、この章では相続税とは、

「どんな資産をどのくらいもらえばいくらぐらいかかってくるのか」

ということについて、ご説明したいと思います。

相続税とは、遺産をもらった場合にかかってくる税金です。

では相続税のかかる「遺産」とは、具体的にどういうものなのでしょうか?

相続税のかかる遺産とは、原則として「金銭的価値のある資産」はすべてということになっています。

相続税法では、相続税の対象とならないものがいくつか定められており、それ以外の資産はすべて相続税の対象となることになっています。

現金、預貯金、有価証券、金融商品、不動産だけではなく、絵画や骨とう品やアクセサリーなど金目のものはすべて対象になるのです。

ただし絵画や骨とう品の類でも、まったく値が付かないようなものは、もちろん対象にはなりません。

また逆に価値があるものであれば、玩具やマニアックな収集品であっても相続税の対象となります。

そして、その資産はすべて、故人（被相続人）が死亡したときの「時価」が、相続税の対象額となることになっています。だから株券などは、死亡した後に大きく値が下がったような場合でも、死亡した時点での価値が、相続評価額となります。

相続税がかかる財産

財産の種類	評価方法
現金、預金	そのままの額
金融資産	時価

不動産	時価（路線価、固定資産税評価額でも可）
動産、骨とう品など	時価
その他、金銭的価値があるものすべて	時価

家族名義の預金口座が含まれることもある

相続税対策として、「自分の口座ではなく家族名義の口座にお金を移している」という人もいるようです。

しかし、これははっきりいって相続税対策にはなりません。

というのも、税務上の資産というものは、「誰の名義か」ではなく、「実質的に誰のものか」ということが問われるものだからです。

たとえば、自分の資産を移すために、妻の名義の通帳にお金をたくさん入れていたとします。が、妻が無職だったり、あまり収入が高くなかったりする場合は、「なぜそんな大金が入っているのか」という話になります。その大金は夫が稼いだ金であり、実質的には夫の持ち物である、というような解釈がされることがあるのです。

そして、その通帳は、相続税の対象にカウントされてしまうのです。

死亡前後に引き出したお金も対象になる

また、その人が死亡する前後に多額のお金を引き出した場合、そのお金も相続税の対象になります。

税務署は、預貯金の口座については、その詳細をチェックすることができます。だから、死亡前後に多額のお金が引き出されていれば、それは当然、知ることになります。というより、こういうケースは非常に多いので、口座の死亡前後のお金の出し入れは必ずチェックするのです。

死亡前であっても本人以外から引き出されたお金は、相続税の対象になることがほとんどです。

ただし、本人が自分のために引き出したものや、医療費や葬儀費用、墓石等のために死亡前に引き出されたものは、相続税の対象にはなりません。

遺産が「現金」ならば隠せるか？

相続税に関する巷の噂として「資産を現金で残せば、相続税は逃れられる」というものがあります。

「預貯金や有価証券ならば、金融機関に記録があるので、税務署に見つかってしまうけれど、現金ならば税務署にもわからない」

というわけです。

本当に、現金ならば税務署から隠せるのでしょうか？

確かに、家庭にある小銭程度のお金までをすべて税務署が把握するのは難しいと言えます。数百万円くらいまでは、税務署も正確な数字を把握することは難しいでしょう。

しかし、それ以上の金額となると、そうはいきません。数千万、数億という単位で現金を隠し持っていた場合は、税務署も察知する可能性が高くなります。

というのも、たくさんのお金を残している人というのは、必ず何らかの形でその証拠を残しているものなのです。

まず数千万円、数億円のお金を貯め込んでいる人は、生前にそれなりの収入があったことが考えられます。

税務署は、一定以上の収入がある人のリストをつくっています。そしてその人たちが死亡したときに、申告された遺産の額が適正かどうかを確認するのです。

だからもし現金で多額の遺産を隠しておいたら、税務署側は「この人は生前にはたくさん収入があったのに、相続税の申告が少ないのではないか」という疑いを持つことになります。

そして、預貯金や有価証券などが見つからなければ、自宅に隠し持っているのではないか、ということになるのです。税務署はその疑いをもとにして、税務調査を行うこともしばしばあります。

実際に、数十億円のお金を自宅のガレージの段ボール箱の中に隠していたのを国税が発見した、という事例もあります。だから「現金を隠していれば税務署に見つからない」ということはないのです。

妻のへそくりも相続資産になる?

では、夫が毎月渡してくれる生活費の中から、妻がへそくりをしていた場合、その夫が死亡したときには、相続財産になるでしょうか?

答えは「なる」です。

妻が、自分で仕事を持つなどして、それが自分のお金だということがわかれば別ですが、もっぱら夫の収入に頼っていた妻が、その収入の中からへそくりをしていた場合は、夫が死亡したときには、相続財産に加えられてしまうのです。

ただし、相続税では、妻は「1億6000万円の配偶者控除」を受けることができます(詳しくは96ページ参照)。だから、よほど巨額のへそくりをしていない限りは、相続財産に加えられたところで、相続税の支払いの義務は生じないのです。

が、厳密に言うと、相続税はかからないかもしれませんが、相続財産には加えられるので、相続分割の際の対象には入ることになります。つまり、相続人が遺産を分けるときの対象には加えられるということです。法的なことを言えば、へそくりも、一旦差し出して、相続人同士で分け合わなくてはならない、ということです。現実にはそこまでお人好しな女性はいないかと思いますが。

死亡退職金にも相続税はかかる

また退職金にも相続税がかかる場合があるので、注意を要します。

サラリーマンが、在職中などに死亡し、死後、遺族に退職金が支払われた場合は、その退職金は、相続税の課税対象となります。

課税対象となるのは、退職金、功労金その他これらに準ずる給与すべてで、被相続人の死亡後3年以内に支給が確定したものです。

また退職後に死亡し、その後に支払われたものであっても、死後3年以内に支給が確定したものは、課税対象となります。

ただ、この退職金には、法定相続人1人あたり500万円の非課税部分が設定されています。もし法定相続人が３人いた場合、たとえば妻と子供二人が法定相続人だった場合は、５００万円×３人＝１５００万円で、非課税枠は１５００万円となるわけです。
だから、このケースでは死亡退職金が１５００万円以下であれば、非課税となるのです。

相続税がかからない財産

相続税法では、相続税の対象とならない遺産がいくつか定められています。
それもご紹介しておきましょう。
相続税の非課税資産は、次の表の通りです。

国税庁のサイトに掲載されている主な非課税資産

１　墓地や墓石、仏壇、仏具、神を祭る道具など日常礼拝をしている物
ただし、骨とう的価値があるなど投資の対象となるものや商品として所有しているものは相続税がかかります。

2　宗教、慈善、学術、その他公益を目的とする事業を行う一定の個人などが相続や遺贈によって取得した財産で公益を目的とする事業に使われることが確実なもの

3　地方公共団体の条例によって、精神や身体に障害のある人又はその人を扶養する人が取得する心身障害者共済制度に基づいて支給される給付金を受ける権利

4　相続によって取得したとみなされる生命保険金のうち500万円に法定相続人の数を掛けた金額までの部分

5　相続や遺贈によって取得したとみなされる退職手当金等のうち500万円に法定相続人の数を掛けた金額までの部分

6　個人で経営している幼稚園の事業に使われていた財産で一定の要件を満たすもの

なお、相続人のいずれかが引き続きその幼稚園を経営することが条件となります。

7　相続や遺贈によって取得した財産で相続税の申告期限までに国又は地方公共団体や公益を目的とする事業を行う特定の法人に寄附したもの、あるいは、相続や遺贈によって取得した金銭で、相続税の申告期限までに特定の公益信託の信託財産とするために支出したもの

墓は生前に買っておこう

前項の「相続税がかからない財産」のリストを見てください。

お墓が入っています。

お墓は、先祖伝来のものなので、相続資産とするのは社会通念上よろしくないということのようです。

だから、高価なお墓を持っているような人は、その分、相続税が助かるはずです。

ただし、このお墓は相続が発生してから購入した場合は、非課税とはなりません。故人かその家がもともと持っていたお墓だけが非課税なのです。つまり、亡くなった人の残した遺産でその人の墓を建てたような場合は、その分が相続税非課税になることはないのです。

だから、都会に住んでいるような人で先祖の墓は田舎にしかなく自分が死んだら新しい墓をつくらなければならない、というような人は、「生前に」墓を建てておくことをお勧めします。

現在、都心部ではお墓の値段が高騰しています。ちょっとしたお墓でも、数百万円するのは当たり前ですし、１０００万円以上するお墓も珍しくありません。

これを遺族が用意するのは大変ですし、死んだあと、遺族が遺産からお墓代を賄っても、相続税の減額はありません。あくまで、死ぬ前に入手したお墓を「引き継ぐ」という形でないと、相続税の非課税とはならないのです。

また、お墓だけじゃなく、仏壇なども相続税非課税の対象となります。だから、今は家に仏壇はないけれど、自分が死んだら仏壇を用意することになるだろうという人は、生前に仏壇を購入しておくことをお勧めします。

仏壇も、かなり高額ですからね。

ただし、仏壇の場合でも純金製だったり、何千万円もするような骨董的な価値があったりするような場合は、非課税にはなりませんので、気を付けてください。

いくらくらいの遺産で相続税が課せられるか？

前章では、

「遺産が３６００万円以上あれば、相続税がかかってくる可能性がある」

と述べましたが、かといって３６００万円以上あれば必ずかかってくるものではありません。

相続税は、法定相続人の数や家族構成などによって、相続税がかかってくる遺産のラインが変わってくるからです。

なので、まずはどういう場合に相続税がかかってくるのか、簡単にご説明したいと思います。

相続税には基礎控除というものがあります。

基礎控除というのは、課税対象遺産から差し引ける額のことです。この基礎控除以上に遺産があれば、相続税が「かかってくる可能性がある」のです。「可能性がある」と書いたのは、かからない場合もあるからです。相続税には、基礎控除以外にも様々な控除があるので、基礎控除を超えていても、最終的に税金がかからない、というケースも多々あるのです。

だから言ってみれば、基礎控除というのは、相続税がかかるかどうかの最初のチェックポイントのようなものです。

では、相続税の基礎控除はいくらになるのかご説明しましょう。

相続税の基礎控除は次の算式で算出されます。

3000万円＋（600万円×法定相続人）

だから、もし法定相続人が一人だった場合は、次のような計算になります。

3000万円＋（600万円×法定相続人 1人）＝3600万円

つまり、法定相続人が一人の場合は、基礎控除は3600万円になります。

「3600万円以上の遺産があれば、相続税がかかってくる可能性がある」というのは、この法定相続人が一人だった場合の基礎控除額3600万円からきているのです。

が、ほとんどの相続の場合、法定相続人が一人ということはありませんので、基礎控除は3600万円よりも多くなります。

妻と子供二人の場合の課税最低ラインは？

では具体的に、相続税の基礎控除について計算してみましょう。

まず、相続人が妻と子供二人だった場合について考えてみましょう。夫が死亡して、妻と子供二人が残されるというのは、よくあるパターンですよね。

妻と子供が遺族の場合は、妻と子供だけが法定相続人になります。なので、法定相続人は3人ということです。

そして法定相続人が3人の場合の相続税の基礎控除の計算は、次のようになります。

３０００万円＋（６００万円×法定相続人３人）＝４８００万円

このように法定相続人が３人だった場合は、４８００万円が基礎控除ということです。つまり４８００万円以上の遺産がないと相続税は課せられないということです。

そして基礎控除というのは、法定相続人が増えるごとに、６００万円をプラスしていけばいいわけです。

たとえば、法定相続人が妻と子供３人だった場合は、

３０００万円＋（６００万円×法定相続人４人）＝５４００万円

ということです。

相続税の計算方法

では、次に相続税の税額を実際に計算してみましょう。
たとえば、１億４８００万円の遺産を残して亡くなった人がいたとします。
法定相続人は、妻と子供２人の合計３人です。
法定相続人が３人ということは、基礎控除の計算は次のようになります。

３０００万円＋（６００万円×３人）＝４８００万円

つまりは、基礎控除は４８００万円です。
だから、相続税の課税対象の計算は次のようになります。

遺産　１億４８００万円－基礎控除　４８００万円＝課税対象　１億円

となり、この遺族の相続税の課税対象額は1億円ということになります。
この1億円に対して、法定分配率通りに遺産を配分したとして、相続税率をかけて相続税が計算されます。相続税率は表の通りです。

相続税の税率速算表

その人がもらった相続税対象遺産	税率	控除額
1000万円以下	10%	ー
3000万円以下	15%	50万円
5000万円以下	20%	200万円
1億円以下	30%	700万円
2億円以下	40%	1700万円
3億円以下	45%	2700万円
6億円以下	50%	4200万円
6億円超	55%	7200万円

法定分配率は、妻が2分の一、子供二人がそれぞれ4分の一ずつになっています。

だから、妻5000万円、子供2500万円×2で分配したとして、相続税を計算します。

妻の分の相続税
5000万円×20%－200万円＝800万円

子供の分の相続税（一人分）
2500万円×15%－50万円＝325万円

妻と子供二人の合計
800万円＋325万円＋325万円＝1450万円

この1450万円が、この遺族全体の相続税の額ということになります。

が、この1450万円を遺族全体で払うわけではありません。もらった額に応じて払うのです。

たとえば、妻が全額をもらった場合は1450万円を全部妻が払うことになります。が、配偶者には1億6000万円までは非課税という規定がありますので、税額はゼロになります。つまり、この遺族の相続税はゼロということです。

子供、配偶者、親以外の相続人は税金が2割増

相続税の納税の際に、気を付けなくてはならない点があります。

それは、法定相続人ではない人が相続した場合や、法定相続人であっても被相続人の兄弟などが相続した場合、納付するべき相続税額が2割加算されるのです。

ここまで説明してきたように、相続税というのは、一旦、遺族全体で基礎控除の計算などをしたのち、遺産をもらった各人に対して、その遺産額に応じて課せられる税金です。

そして、法定相続人ではない人や、被相続人の兄弟の場合、相続税の税額を算出したとき、それに2割加算した額を納付しなければならないのです。

相続税というのは、「直系尊属（実子か両親）」「配偶者」が相続するというのが基本線になっており、それ以外の人が相続する場合は、割増料金（2割加算）ということになっているのです。

2割加算にならない人というのは、以下の通りです。これ以外の人が、相続した場合は、必ず相続税が2割加算になるのです。

●配偶者
●両親
●実子
●代襲相続をした孫（実子が死亡してその子供つまり孫が代襲相続をした場合）

〝普通の家〟の相続税額は意外と少ない

ここで、気に留めておいていただきたいことがあります。

それは、「庶民レベルの相続税は意外と低い」ということです。

これまで「庶民でも相続税はかかる可能性がある」と脅しのようなことを述べてきて、確かに相続税がかかる人が意外に多いことは事実ですが、その一方で、実際の相続税の額というのは、それほど高くはないものなのです。

前項でもご紹介したように、法定相続人が3人いれば1億4800万円の遺産があっても、実際の税額は1450万円に過ぎないのです。そしてそれを妻が全部相続するような場合は、相続税額はゼロになりますし、実質的には、ほとんど相続税はかからないのです。

法定相続人というのは、だいたい2～3人はいるものなので、これは標準ケースと言えます。

つまり1億数千万円の遺産をもらっても、相続税額はせいぜい10％程度で収まるということです。

この点を、重々承知しておいていただきたいのです。

「相続税は意外と安い」

ということを知らずに、相続ビジネスにひっかかる人もけっこう多いのです。

せいぜい10％程度の相続税のために、たとえばアパート経営に乗り出すなどというのは、本末転倒というか大損になることが多いのです。

だから相続税対策でまずしなければならないことは、「自分や自分の家族が一体どのくらいの相続税を払うことになるのかを把握する」ということです。

概略でもいいので、ぜひ計算してみてください。

相続税はどんなときに申告が必要か？

ここで、相続税の申告の流れをご説明したいと思います。

相続税は、前にも述べましたように、誰かが基礎控除以上の遺産を残して死亡した場合、その遺産をもらった人が支払う税金です。

そして相続税の申告は、基礎控除以上の遺産があった場合に生じます。つまりは、法定相続人が一人の場合は、３６００万円以上の遺産をもらったときには相続税の申告が必要になるのです。

いろいろな控除を使うことによって税額がゼロになる場合でも、基礎控除以上の遺産があれば申告しなければならないことになっているのです。

そして、申告の義務があるのは、法定相続人と遺産をもらった人たちです。相続人がたくさんいて遺産をもらった人もたくさんいる場合は、その人たち全員に申告義務があります。

ただし、相続税の申告書というのは、相続人全体で一枚です。遺産をもらった人が、それぞれで申告するわけではありません。また相続税というのは、遺産の分配が確定しないと税額も確定しません。だから、相続が発生したときには、遺族の間で遺産の分配を確定させることが先決となります。

そして申告の期限は、死亡がわかった日から10カ月以内ということになっています。たとえば、令和元（2019）年6月1日に死亡したことがわかった場合は、令和2（2020）年4月1日が申告期限となります。もしその日が土日か祝日だった場合は、その日から最初の平日が申告期限となります。

なぜ「死亡した日」ではなく、「死亡がわかった日」なのかというと、死亡した日に必ずしも遺族が死亡したことを知るとは限らないからです。一人暮らしの老人などの場合、親族が死亡したことを知るのは、死亡した日のずっと後になったりします。昨今では、こういう話はよくあります。

また行方不明になった人などは、死亡した日がわからない場合もあります。

もし死亡した日を基準にすれば、遺族は申告できないケースも多々生じます。

だから、遺族が「死亡したことがわかった日」を基準にしているのです。


そして、遺族は「死亡したことがわかった日」から10カ月以内に財産分与を確定し、申告書の作成をしなければなりません。申告をするまでに10カ月も期間が空いているのは、相続税の場合は、財産分与などに時間がかかるからです。

相続税は、財産分与などを決めないと、税額が決まらないので、財産分与が確定するまでは申告ができないのです。

また相続税の納付期限は、申告期限と同じ日です。だから、申告だけを早めにしておいて、納付は期限ぎりぎりに行うということもできます。

相続税の申告要件

●申告が必要となる条件
基礎控除以上の遺産がある場合

●申告期限
死亡がわかった日から10カ月以内ということ

●申告義務者
法定相続人及び遺産をもらった人

納税額ゼロでも申告が必要な場合も

相続税の税額自体は、意外に少ないということを前述しましたが、相続税の申告では、税額がゼロになるケースも少なくありません。

相続税法では、基礎控除以上の遺産額があれば、申告しなければならないことになっています。

しかし相続税には、さまざまな「控除制度」があり、申告をしても、この控除制度を使えば、相続税がゼロになってしまうことが多いのです。

たとえば、被相続人（遺産を残して死亡した人）の配偶者には、配偶者控除として、1億6000万円が設けられています。つまり、配偶者が遺産をもらった場合は、1億6000万円までは、相続税がかからないのです。これに、基礎控除を合わせると、配偶者の場合、最低でも、2億円近くの遺産をもらわないと相続税はかかってこないのです（詳しくは97ページ）。

また遺産の中に、住居があった場合も、大幅な控除制度があります。これまで家族と一緒に住んでいた住居が遺産として残され、家族がそのまま住み続けるような場合は、その家の土地評価額は8割免除されることになっているのです（詳しくは136ページ）。

それらの控除をうまく使えば、庶民の場合は相続税額がゼロになるケースが多いのです。

それでも基礎控除以上の遺産があれば、相続税の申告をしなければならないのです。申告をしなければ各種の控除が認められずに、最悪の場合、追徴課税されることもあるのです。

申告せずに放置したら

相続税の申告が必要なのに期限内に申告していなかったら、当然、ペナルティが生じます。

ペナルティは次の通りです。

申告が必要なことに後から気づいて自発的に期限後申告をした場合。

⬅ 納付税額が5％増し（無申告加算税）。

申告の必要があるのに申告しておらず税務署の指導等により申告したような場合

⬅ 納税額が15％増し。納付税額が50万円を超える部分に対しては20％増し（無申告加算税）。

また無申告加算税だけではなく、延滞税もかかる場合があります。

相続税は、相続が起きた日（認知した日）から10カ月以内に納付しなければならず、これに遅れた場合は、延滞税がかかることになっているのです。

延滞税は、その時の金利によって変わってきますが、現在は延滞が2カ月以内の場合は2・4％前後、それ以上延滞した場合は年8％前後です（2024年9月現在）。消費者金融並みの高利率です。

ただ、申告期限から2週間後までに申告していれば、この無申告加算税は課せられません。申告期限を忘れていても、2週間までは猶予があるということです。

相続税の期限内に分配が確定しなかった場合

遺産の分配の確定が、相続税の申告期限内に終わらないケースも多々あります。

そして相続税の場合、相続人たちによる遺産の分配方法で税額が大きく違ってきます。

前述しましたように、遺産を配偶者が相続する場合と子供が相続する場合では、納付税額はまったく違います。そして遺産の分配の確定が、相続税の申告期限内に終わらないケースも多々あります。

だから、相続税の本当の納税すべき額が、申告期限後に決定することもあるのです。

しかし、申告期限後までに申告と納付をしていないと、加算税や延滞税が取られます。

そのため、そういう場合は、とりあえず仮の分配で申告だけはしておくことになります。仮の分配は、民法の法定相続割合もしくは遺言書の割合に従って分配します。

そして正式な分配が確定してから、申告をし直すことになります。

仮の分配よりも正式の分配のほうが税額が増えた場合は、修正申告をすることになります。自主的に修正申告をした場合、加算税はかかりませんが、延滞税がかかります。延滞税は、延滞が2カ月以内の場合は新たに納付する税金の2・5％前後、それ以上延滞した場合は年8％前後です（2024年9月現在）。

仮の分配よりも正式の分配のほうが税額が減る場合は、「更正の請求」と言って、納めすぎた税金を取り戻す手続きを取ることになります。これは申告期限から5年以内という期限があります。

しかし分割協議がかなり後になって決着したなどの「後発的理由」がある場合は、5年以上過ぎていても、その事実が生じた日から4カ月以内までならば「更正の請求」ができます。

相続税を脱税したらどうなるか？

現金で遺産を隠したらどうなるかということを前述しましたが、もし脱税をしたら、どうなるのか、ということをご説明しておきましょう。

脱税をすれば、もちろん税務署員は必死にあなたの脱税を暴こうとします。

税務署員は、金融資産（預貯金や証券、金融商品）のデータはすぐに手に入ります。また高額商品の購入者リストなども手に入ります。また故人の生前の事業活動、収入状況なども詳細なデータを持っています。

それらの情報網を駆使して、相続税の脱税がないかどうかを見張っているのです。

そして、不審なものを見つければ、その納税者（遺族）に連絡を取り、税務調査を行います。遺産に関するありとあらゆることに関して、税務署員は調べます。そして、遺族は、税務署員の質問に対して、必ず事実を答えなければなりません。税務調査に関して、納税者には黙秘権は与えられていないのです。もし嘘をついたり、知っていることを黙っていたりして、それが後日判明した場合は、ペナルティの対象になったりもするのです。

もし、あなたが脱税をしていて、過少のまま申告をしたとします。

その年、税務署からは何のアクションもなかったとします。しかし、これで安心することはできません。脱税の時効は7年なのです。税務署は7年間じっくり時間をかけてあなたの脱税を調べることができるのです。つまり、あなたは、7年間、ヒヤヒヤしながら、過ごさなくてはならないのです。

そして、もし税務署に脱税が見つかった場合、どうなるでしょうか？

税金の申告漏れには、2種類あります。

それは、不正と不正ではないものです。

不正というのは、明らかに故意に何かを隠したりした場合のことです。これを通常、脱税と言います。

不正ではないものというのは、うっかりミスなどで申告が少なかったときのことです。

不正ではないものの場合、本税の増額以外に過少申告加算税というものを払わなければなりません。過少申告加算税というのは、新たに納めることになった税金の10％です。ただし、新たに納める税金が一定の金額を超えた場合は、超えた部分については15％かかります。一定の金額というのは、当初の税金か50万円のどちらか多いほうです。

ただし、税務調査が行われる前や、税務署から何らかの指摘を受ける前に、自ら修正した場合は、過少申告加算税はかかりません。

また不正だった場合は、重加算税というものが課せられます。これは、新たに納めるべき税金の35％です。不正によって逃れていた税金の額が多額だった場合、税法違反で刑事罰に問われることもあります。だいたい1億円以上の脱税で、刑事罰に問われるとされていますが、昨今ではこれより低い金額でも、有罪になるケースも増えています。

第3章
少しの準備で相続税はゼロにできる

普通の人は簡単に相続税を免れられる

前章では相続税の基本的な仕組みをご紹介しましたが、この章では相続税を免れる方法、なるべく少なくする方法をご紹介していきたいと思います。

何度も触れましたように、相続税というのは、普通の人にもかかりうる税金です。３６００万円以上の遺産があれば、かかってくる可能性が生じるのです。

が、相続税には様々な控除や非課税枠があり、これらをうまく使えば、かなり安くすることができます。

相続資産を相続税の基礎控除以下に抑え込めば、相続税はゼロになるのです。そして、普通の家庭の場合、基礎控除のラインを下回るようにするのは決して難しいものではありません。

たとえば、夫婦と子供二人の家があったとします。そして、夫名義で７０００万円の資産があります。この夫が死亡した場合、この家族には相続税がかかることになります。法定相続人は妻と子供２人の合計３人なので、基礎控除のラインは、４８００万円となるからです。

しかし、この家族は、夫名義の資産７０００万円のうち、２２００万円を家族に移せば、相続税は課せられないのです。

２２００万円分の資産を家族に移すなどということは、非常に簡単です。

普通の家（それほど資産の多くない家）が、相続税を免れようと思えば、案外簡単なのです。資産１億円くらいまでは、４～５年の準備期間があれば、免税点以下に持っていくことができます。

が、何もしなければ、相続税がかかってきます。

節税のための何らかのアクションは必要なのです。

本章では、普通の人が使いやすい節税方法だけをご紹介しています。相続税の節税方法は、数多くありますが、普通の人には使いにくいものもたくさんあるからです。

ここに挙げている節税方法を使って４～５年準備すれば、普通の人（資産１億円以下）であれば、まず相続税がかかってくることはないでしょう。

年間110万円の贈与で大半の相続税問題は解決する

普通の家の相続税対策の場合、最初に覚えていただきたいのが、「贈与税の控除額」です。これはざっくり言えば、贈与税がかからない範囲で、毎年、現金などを親族に分配しておくという方法です。

序章でも述べましたが、日本には贈与税という税金が課せられています。これは相続税のとりっぱぐれを防ぐためにつくられたもので、生前に自分の財産を親族などに贈与したときに課税される税金です。

が、「1円の贈与でも課税する」となると、現実的ではありません。そもそも親族の間では、経済的な助け合いをするのはごく当たり前のことです。一緒に住んで扶養している家族ではなくても、親子や兄弟ならば何らかの経済的な支援をしたりすることは多々あります。

だから、贈与税では、年間110万円までの贈与ならば税金は課さないということになっているのです。

この年間110万円までの控除額を、相続税対策に利用するのです。

資産が何十億、何百億もある資産家にとっては、年間110万円の控除などはあまり意味がありません。

が、数千万円から1億円程度の資産であれば、年間110万円の控除枠というのは、かなり大きな意味を持ちます。

親族一人に対して、110万円の贈与を10年間続ければ、1100万円もの資産を無税で贈与することができます。

また、この贈与税の基礎控除は「あげる側」ではなく、「もらう側」に適用されるものです。

だから、あげる側には何人にあげても、控除額以内であれば贈与税はかからないのです。

親族がたくさんいる場合は、毎年、多くの親族に110万円ずつ贈与すれば、10年もあれば数千万円の資産を移すことができるのです。

1億円程度の資産ならば数年で相続税の免税点まで引き下げることができるはずです。

この年間110万円の贈与税の控除を使う方法は簡単です。

親族に対して、きちんと贈与するだけでいいのです。申告等の必要はありません。が、必ず「贈与している事実」は必要となります。

だからお金を口座に振り込んだり、現金で渡したりしてもいいので、必ず実際の「贈与」を行ってください。

「贈与をしたつもり」で、実際のお金はまだ親が持っていたり、親が勝手に子供名義の通帳をつくって入金したりしているだけでは、贈与したとは認められません。

あげる側ももらう側も、しっかり贈与が行われたという事実を確認できる状態になっていなければならないのです。

「年間110万円の贈与」の注意点

ただし、この「年間110万円の贈与」には注意しなくてはならない点があります。

それは、「死ぬ前の7年間に贈与したものについては、相続税の対象とされる」のです。

このルールは、以前は「死ぬ前の3年間の贈与が相続税の対象」になっていたのですが、2024年に改正され、4年もプラスされ、死ぬ前の7年間の贈与は事実上できなくなったのです。

だから、重い病気になってから急に贈与を始めても遅いという可能性が出てきます。かなり以前から、生前贈与を行っておかなければならないということです。

死ぬ前の７年間の生前贈与は、相続税の対象資産になってしまうので、死ぬ20年前くらいから生前贈与をし始めておかなければなりません。

もちろん、自分がいつ死ぬかなどはわからないので、「死ぬ20年前から生前贈与を始める」などということができるわけはありません。だから、なるべく早くこの生前贈与を始めることが肝要です。

このことからも「相続対策」は、早ければ早いほどいいということが言えます。

「おしどり贈与」を活用しよう

贈与税の基礎控除の次に覚えておいていただきたい節税方法に、「おしどり贈与」というものがあります。

これは長年連れ添った夫婦の場合、贈与税をかけずに一定資産の分与を認めましょう、という制度です。

具体的に言えば、20年以上、連れ添った夫婦が、自分の名義の家を相手に贈与すれば、2000万円以内であれば、贈与税は課せられないというものです。そして、家だけではなく、家の購入費としても2000万円以内ならば無税で分与できます。

つまりは、家もしくは現金、預金を2000万円分、配偶者に無税で譲渡することができるわけです。

これは、「普通の人」の相続税対策としては非常に大きなものがあります。

資産を5000万円～1億円程度持っている人というのは、相続税の免税点を少しオーバーしていることが多いものです。そういう人たちが、自分の資産のうち2000万円を配偶者に移譲することができれば、相続税の対象資産が一気に2000万円も減るのです。

普通の人の場合、このままではギリギリ相続税がかかるけれど、資産が2000万円減れば、相続税の免税点以下になるという方が非常に多いはずです。

またこのおしどり贈与は、前項でご紹介した110万円の贈与税非課税枠と違って、一度に2000万円もの資産を減らすことができます。より即効性があるということです。

まだおしどり贈与をしていない人は、ぜひ考えてみてください。

遺産分配は「配偶者優先」に

「年間110万円の贈与」「おしどり贈与」の次に、相続税の節税策として覚えておいていただきたいのは、「遺産分配は配偶者優先にすること」です。

配偶者というのは、夫婦の相手方のことです。

夫が亡くなった場合は、妻のことを最優先に考える、妻が亡くなった場合は夫のことを最優先に考える、ということです。子供への遺産分配などは、まず配偶者の生活資産を確保してからの話なのです。

親のどちらかが亡くなった場合は、残された親の生活をまず考えるということは、社会常識にも合致していることですし、相続税の節税にもなるのです。詳しくは次項以下で述べますが、相続税法では配偶者には手厚い免除制度があります。どんなに遺産が多くても、原則として半額までは配偶者は無税で遺産を受け取れるのです。

また令和元（2019）年の民法改正においても、相続においては配偶者の権利が非常に強化されています。

だから、相続対策の第一は「配偶者優先」ということを覚えておいてください。

配偶者は１億６０００万円までは無税

相続税法では、配偶者には特別な制度がつくられています。

まず配偶者には、基礎控除のほかに１億６０００万円の特別控除が設定されています。だから配偶者がもらった遺産に関しては、１億６０００万円までは相続税は課せられないのです。

これは、妻だけでなく、夫の場合も同様です。もし妻が先に亡くなって、夫が残された場合も同様に特別控除が受けられるのです。

ただし、この特別控除を使えるのは、配偶者（妻もしくは夫）が相続した分についてだけです。遺族全体がこの１億６０００万円の控除を持っているわけではないのです。子供などが遺産を受け取る場合は、この１億６０００万円の控除は使えません。

たとえば1億5000万円の財産を残して夫が死亡し、妻と子供二人が残されたような場合、これを全部、妻が相続した場合は相続税がゼロになります。しかし、妻と二人の子供で均等に5000万円ずつ相続した場合、妻には相続税はかかりませんが、子供二人には相続税がかかるのです。

配偶者は法定相続分までは無税

さらに配偶者には、1億6000万円を超えても「法定相続分」までの相続には、相続税がかからないという規定もあります。

どんなに遺産があったとしても、配偶者はその「法定相続分」までは、相続税なしで相続できるのです。

法定相続分は、子供がいる場合は1／2、子供がなく、亡くなった者に親がいる場合は2／3、子供も親もいなくて、きょうだいがいる場合は3／4です。

何十億、何百億あっても、です。

たとえば、10億円の遺産があった場合、この人の配偶者（妻もしくは夫）は、子供がいる場合は5億円までは無税で受け取れるのです。

相続税法では、資産というのは「夫婦で築いたもの」という考え方になっているので、法定相続分は配偶者のものであり、法定相続分までは相続税はかからないのです。

しかし、この減免制度も「1億6000万円の特別控除」と同じで、遺産全体に対しての基礎控除ではなく、あくまで配偶者だけが持っている控除制度です。配偶者以外の相続人たち（子供など）の相続分については、まともに相続税がかかってきます。

急死の場合は基本は配偶者優先

このように、相続税対策においては、なるべく遺産は配偶者に多くの配分をするというのが、もっとも節税になるといえます。

故人が特に遺産のプランを考えていなかったり、遺言書がなかったりする場合は、とりあえず、配偶者（妻もしくは夫）にたくさんの遺産を相続させることがもっとも妥当な分配方法だと言えます。

具体的な配分方法は、遺産が２億円以内であれば全部を配偶者に相続させ、２億円を超えている場合は、１億６０００万円以上で遺産の半分までを配偶者に相続させるのです。

そうすれば、遺族全体としてもっとも相続税を少なくすることができます。

また父親（もしくは母親）が急死したりして、急に相続が発生したような場合にも、基本は配偶者優先が有利だと言えます。

「急死」の場合は、相続対策をほとんどしていないケースが多いので、まずは遺族全体で相続税がもっとも安くなる分配方法を選択し、その後に次の相続のための相続税対策を施せばいいのです。

「二次相続のリスク」って何？

週刊誌の相続対策特集などでは、「配偶者に多くを相続させる」という節税スキームに、批判的なことが書かれているケースもあります。

相続税のマニュアル本などでも、「とりあえず配偶者に相続させる」というのは、「後で相続税の支払いが大きくなる場合もある」と書かれているものもあります。

しかし、これらの指摘は「庶民の相続」においては的がはずれています。

なぜ彼らが「配偶者を優先すること」に反対するかというと、「一旦、配偶者（故人の妻や夫）に相続させても、その配偶者が死亡したときには、また相続税が発生する。この二回目の相続のときに、子供には多額の相続税が課せられるので、最初から分割したほうが、相続税の節税になる」というのです。

いわゆる「二次相続」の心配をしているわけです。

二次相続の心配と言われても一般の人には、よくわかりませんよね？

簡単に説明しますね。

相続というのは、だいたい親から子へとされるわけです。夫から妻へ相続したとしても、妻へ相続した分はいずれ子供に相続されるものです。だから、夫が死亡したとき、一旦夫から妻に相続して相続税を逃れたとしても、妻から子供に相続したときにその分の相続税がかかってしまうというわけです。

そして、細かい計算をした場合、夫から妻へ一旦相続した後に妻から子供に相続するよりも、夫から妻と子供に相続したほうが、相続税が安くなるケースがあるのです。

たとえば父親が1億円（基礎控除後）の遺産を残していて、母親と子供一人が残されたとき、とりあえず母親に全部相続させたとします。そうすれば、一次相続時には相続税はかかりません。が、母親が死亡したときに、この1億円を子供が相続すれば、２５００万円前後の相続税がかかります。

しかし、まず父親が死亡したときに、母親と子供で５０００万円ずつ相続すれば、母親は相続税がゼロ、子供が相続税８００万円になります。そして、母親が死亡したときに、子供が７１００万円を相続すれば、相続税は５００万円となり、二回合わせても１３００万円です。

だから、最初から半分子供に与えていたほうが、相続税が５００万円安くなるということです。

普通の人は〝二次相続〟の心配はしなくていい

前項でご紹介した「二次相続のリスク」は、確かに理屈から言えばその通りにリスクがあります。

しかし、この理論には、現実と大きく違う部分が二つあります。

一つは、この理論では、一次相続から二次相続の間で、遺産がまったく同じ額ということになっています。これは庶民の相続においては非現実的です。

夫の遺産を妻が引き継いだ場合、その遺産はほとんどの場合、妻の老後の生活資金になります。そして老後の妻は収入はそれほど多くないケースがほとんどなので、大半の場合、資産は目減りします。

だから、妻が死亡して子供が相続をするときには、相続税はかからないか、かかったとしても大幅に減じている可能性が高いのです。

また、もう一つのこの理論の欠陥は、妻が遺産をもらった後、彼女が死ぬまでの間に「何も相続税対策を施していない」ということが前提になっていることです。もし、夫からかなり遺産を受け取っていて、このままでは子供に相続税がかかりそうだということであれば、それなりに相続税対策を施すものです。

相続税というのは、時間をかけて対策をすればかなりの節減ができます。前述した贈与税の非課税枠などを使えば、ほんの数年程度の期間で、数千万円程度の資産を減額することができるのです。

ちょっとした小金持ち程度の遺産ならば、そういう相続対策をすれば、二次相続のときには相続税はほとんどかからないで済むのです。

つまりは、庶民の相続において、二次相続の心配はほとんど不要なのです。だから庶民の相続は「まず配偶者優先」で大丈夫なのです。

未成年者の税額控除とは？

前項まで、相続税では配偶者には手厚い控除制度があるということをご紹介しましたが、相続人が未成年だった場合も、若干の控除制度があります。配偶者控除ほど大きくはないのですが、ある程度は税金が少なくなるのです。

未成年者の控除制度は、次のようなものです。

未成年者が18歳になるまでの年数×10万円＝相続税の税額控除

※年数に端数がある場合は、切り上げ

この未成年者控除は、課税対象の遺産額を控除するのではなく、税額を控除することになっています。右の算式で出した金額分の相続税が減るという事です。

たとえば、父親がなくなった13歳の子供の場合。18歳になるまで5年ありますから、

5年×10万円＝50万円

となります。つまり、50万円が控除額となるのです。

50万円に相当する遺産額というのは、税率10％の場合は５００万円です。だから、基礎

控除以外に、500万円分の遺産ならば無税で受け取れるということです（遺産総額や家族の状況によって、無税となる遺産限度額は若干、変わってきます）。

0歳の子供の場合は、18年×10万円で控除される税額は180万円です。10％の税率ならば遺産額にして1800万円までは税金はかからないということです。

この未成年者控除を受けられる人というのは、法定相続人に限定されます。だから、実子、弟、代襲相続の場合の孫、養子しか対象にならないのです。資産家がその辺の子供に遺産をばら撒いたような場合は、この未成年者控除は受けられないのです。

この未成年者控除は配偶者控除の1億6000万円にくらべれば、かなり見劣りがします。

未成年者というのは、相続人の中で一番お金が必要な人です。だから未成年者控除はもっと拡充されていいはずですが、未成年で多額の遺産を受け取る人というのは、あまり多くないので、立法の目が行き届いていないのです。

また詳細は次項以下で述べますが、生命保険の受取人を未成年の子供などにしていたら、とんでもないことになってしまったりするのです。

とにもかくにも、法定相続人に未成年者がいれば、若干の税額控除が受けられるので該当する方は覚えておいてください。

生命保険もかなり有効な節税アイテム

相続税を安くするアイテムとして、「生命保険」もあります。

相続税においては、生命保険控除というものがあります。遺産の中に、生命保険の保険金があった場合は、法定相続人一人当たり５００万円の非課税枠があるのです。

生命保険の保険金は、遺族の生活保障という意味があるため、保険金の全額を相続税の対象にするのはよくない、ということで５００万円までは非課税とされているのです。

たとえば、ある人が死亡して３０００万円の保険金が下《お》りました。ほかに遺産は２０００万円程度です。つまり、合計で５０００万円の遺産があったのです。そして、法定相続人は妻と子供二人の計三名です。

となると、保険金に関しては法定相続人一人あたり500万円の非課税枠がありますので、法定相続人が3名なので1500万円が差し引かれることになります。

つまり、生命保険の保険金のうち、相続税の対象となるのは、1500万円を差し引かれた1500万円だけということになります。ほかの遺産と合計しても、相続税の対象となる遺産は3500万円です。

法定相続人が3人の場合、基礎控除が4800万円となりますので、相続税対象の遺産が3500万円ならば、相続税はかかってこないということになります。

このように、遺産を生命保険金で残すと、相続税の節税対策になるということです。

一人500万円を無税で分与できる

生命保険というのは、いろいろな種類がありますので、この生命保険金枠をうまく使えば、自分の資産を瞬時に無税で親族に譲り渡すことができます。

たとえば、終身保険に加入した場合です。

終身保険というのは、何歳で死んでも死亡したときには保険金が受け取れるという生命保険です。事実上の貯金のようなものです。その代わり、掛け金はけっこう高くなっています。

この掛け金が高いというのが、実はミソなのです。

終身保険の保険金は貯蓄と同じであり、この高い掛け金は、実質的に遺族に対する遺産分配になるからです。

終身保険に加入していれば、生命保険の非課税枠が使えますので、法定相続人の人数×500万円の財産を、相続税非課税とすることができます。

もし、5000万円の資産を持っている人が、500万円の終身保険に二口入ったとします。

保険料は一括払いにして、受取人は子供二人にしておきます。

この人が死んだとき、子供二人には生命保険がそれぞれ500万円ずつ入りますが、これには相続税はかかりません。そして、残りの資産は4000万円ですから、法定相続人が二人以上いれば相続税はかかってきません。

だから、二人の子供はまったく相続税を払わずに済むのです。

若い両親が生命保険に入る場合、受取人を子供にしてはダメ

一方で、多額の生命保険の受取人を子供名義にしたりすれば、大変なことになってしまうケースがあります。

前記のように、生命保険金の非課税枠は、一人500万円です。

保険金が数百万円程度の生命保険金ならば、この非課税枠は効力を発揮します。が、数000万円や億単位の生命保険の場合、この非課税枠は、焼け石に水という程度です。

子供が小さい場合など、自分にもしものことがあったときのために、数千万円単位の生命保険に入っている人は、そう珍しくはないはずです。

が、この生命保険の受取人を子供名義にしていたら、多額の相続税がかかってきたりします。

たとえば、もし自分が早く死んだら一人娘の将来が心配だとして、若い父親が娘を受取人にして、1億円の生命保険に入っていたとします。そして、不幸にも本当に若くして亡くなってしまったとします。

となると、この一人娘に1億円の保険金が入ってきます。

法定相続人が妻と子供一人の計2人だった場合、生命保険の保険金は1000万円までは非課税ということになります。

が、控除額は、基礎控除、生命保険控除を入れても5000万円くらいにしかなりません。だから、残りの5000万円にまともに相続税がかかってくるのです。相続税額にして、なんと800万円です。

一方、もし生命保険の受取人を妻（配偶者）にしておけば、配偶者控除が受けられますので、1億6000万円までの控除があります。だから、1億円の生命保険を受け取っても相続税はかかりません。

生命保険というのは、やっかいなもので、受取人名義が未成年であっても、その人がもらったということになるのです。実際は、妻が使用するという状況であっても、「妻が受け取った」ということにはならないのです。

だから、生命保険の受取人の名義は、よほどのことがない限り、子供にしてはならないのです。

こういう面は、もっと丁寧な制度設計をするべきで、未成年の相続人などには、控除額をもっと拡大すべきだと思われます。

が、今の時点では、いたしかたありませんので、若い親御さんなどは子供のために生命保険に入る場合は、気を付けてください。

生命保険の受取人名義は原則「配偶者」に

結婚されて、子供さんがおられるような方は、日本ではだいたい生命保険に加入していることが多いはずです。

が、前項でご紹介しましたように、生命保険の控除額というのは、法定相続人一人あたり５００万円しかありません。

「子供が成人するための費用を」

ということで、何千万円もの保険に入っていれば、下手をすれば相続税がかかってくることになります。

そういう危険を回避するために、生命保険の保険金の受取人は配偶者にしておくべきだといえます。

配偶者であれば、だいたい2億円までの遺産では相続税はかかりません。

だから、かなりの生命保険金をもらっても、相続税はかかってこないのです。庶民レベルでは、まず相続税がかかってくることはないといえます。

祖父母から孫への教育資金の税免除

庶民の相続税対策として、「祖父母から孫へ教育資金を贈与する」という方法もあります。孫のいる人にとっては非常に効果的な相続税対策制度だと思われます。

現在、一定の条件で、祖父母から孫へ教育資金を贈与した場合、1500万円までは税金（相続税、贈与税）がかからないことになっています。

つまり、ざっくり言えば、祖父母から教育資金を1500万円もらった場合は、税金はかからないのです。

祖父母からの教育支援であっても、扶養家族になっていない孫に対しては、年間110万円以上の支援をすれば贈与税がかかってしまいます。が、この「教育資金支援の特例」を使えば、1500万円まで無税で贈与できるのです。

そして、相続財産にも加算されません。だから、本質的な相続税対策として有効なのです。

また、これは孫だけではなく、ひ孫にも適用できます。

今のところ令和8（2026）年3月31日までの時限的な適用になっています。しかし、文部科学省はこの制度の恒久化を求めており、さらに延長されると思われます。

この「教育資金支援の特例」の対象は、かなり広範囲となっています。学校の授業料等だけではなく、ピアノなどの御稽古ごとまでも含まれます。

そういうのを祖父母が出してくれる、ということになれば、子供（孫の親）も非常に助かるわけです。下手に財産を残して、後々親族の「争族」を招くよりは、教育資金として、財産分与しておいたほうが賢いといえます。

この「教育資金支援の特例」を使うには、以下の条件に当てはまっていなければなりません。

「教育資金支援の贈与税免除特例」の条件
教育資金をもらう人…30歳未満の直系卑属（孫、ひ孫など）
教育資金をくれる人…直系尊属（祖父母など）
限度額…1500万円

教育費の内容

●学校等に対して直接支払われるもの（入学金、授業料、入園料、保育料、施設設備費又は入学（園）試験の検定料など）
＊ここでいう学校等というのは、幼稚園、小・中学校、高等学校、大学（院）、専修学校、各種学校、一定の外国の教育施設、認定こども園又は保育所等などです。
●学校教育の中で必要なもの（学用品の購入費、修学旅行費、学校給食費など）
●学校以外の習い事など（学習塾、そろばんなどの学習の補助的なモノ、水泳、野球などのスポーツ、ピアノ、絵画などの文化活動、その他教養の向上のための活動）
＊ただし学校以外での教育費は500万円までが限度となります。
●その他、教育等で必要と認められる費用（詳しくは文部科学省のサイトへ）

「教育資金支援の特例」の手続きとは？

この「教育資金支援の特例」には、少し面倒くさい手続きが必要となります。

その手順を簡単に説明しましょう。

まず、教育資金を援助する祖父母が、そのお金を受け取る孫の名義で、金融機関で「教育資金口座」を開設します。

これは、銀行などで「教育資金口座」を開設したいと言えば、すぐに手続きを執《と》ってくれるはずです。それと同時に、教育資金非課税申告書を金融機関に提出します。

そして、この口座に、孫に支援するお金を入れます。非課税の限度額が１５００万円なので、１５００万円以内で、任意のお金を入れてください。

孫のほうは、教育資金が必要なときにこの口座からお金を引き出します。使った教育資金については、その使途の領収書等を取っておき、口座を開設している金融機関に提出しなければなりません。

これまでの一連の手続きは、すべて金融機関で行われます。だから、詳しい方法は銀行などに問い合わせてください。

そして孫が30歳になったときなど、口座を閉鎖するときに清算し、もし残額があればそれは祖父母から孫への贈与とみなされ贈与税の対象となります。つまりは、なるべく使い切らなくてはならないということです。

また孫が死亡した時や、口座の残高がゼロになったときにも清算されます。が、これらの場合は、原則として贈与税はかかりません。

「教育資金支援の特例」の手続き

祖父母と孫が銀行などの金融機関に行き
受贈者名義の「教育資金口座」を開設する

↓

孫は教育資金が必要になったときにこの口座から引き出す。
金額を集計し、教育資金非課税申告書に記載する。このときには
教育資金として使用したことを証明するために領収書などが必要となる。

⬅

30歳に達した時に口座を清算する。
口座に残額があればその残額分は、贈与税の対象となる。

教育費支援を受けている間に祖父母が死亡した場合

「教育資金支援の贈与税免除特例」を受けているときに、その教育費の支援をしてくれた祖父母が死亡した場合にどうなるか、ということもご説明しますね。

支援してくれた祖父母が死亡した時点で、支援を受けていた孫やひ孫などが23歳未満か、学校に在学中であれば、これまで通りに、「教育資金支援の贈与税免除特例」を受け続けることができます。教育が終わった時点で教育費を清算し、残額に贈与税がかかるということです。

しかし、支援してくれた祖父母が死亡した時点で、支援を受けていた孫やひ孫などが23歳以上で、学校に在学していなければ、「教育資金支援の贈与税免除特例」はストップになります。ここで若干の注意が必要です。

「教育資金支援の贈与税免除特例」を受ける要件は、支援を受ける者が「30歳未満」ということになっていましたが、支援をしていた祖父母が死亡したときには、「教育資金支援の贈与税免除特例」を継続する要件は、「23歳未満」か「在学中」ということになっているのです。

もしこの時点で、25歳で大学浪人中だったような場合は、「教育資金支援の贈与税免除特例」はストップしてしまうということです。

そして、ストップした時点での残額が、相続税の対象資産となります。つまり、支援を受けていた孫やひ孫は、「支援してもらっていた教育資金の残額」を、相続財産として申告しなければならないのです。この相続財産が、免税点を超えていれば、相続税を納付することになります。

教育資金特例はちょっと使いにくい

前項でご紹介した「教育資金支援の贈与税免除特例」は、実際に使うとなると、ちょっと使いにくい面があります。

というのも、対象となる使途の範囲が限られているし、支援してくれている祖父母が死亡したり、本人が30歳になったりしたときにはストップされてしまいます。また残額があれば、その残額に高い贈与税が課せられることもあります。

実際のところは、この章の冒頭でご紹介した「贈与税の基礎控除」を使うほうがよほど簡単に自由に財産をもらうことができます。

たとえば、両親に子供一人の家庭が、祖父母から教育資金を贈与してもらおうと考えた場合。両親と子供一人に対して、祖父母から毎年110万円ずつの贈与を行ったとします。年間330万円です。これを毎年続ければ、わずか5年で「教育資金支援の贈与税免除特例」を超える額を無税でもらうことができるのです。

しかも、「贈与税の基礎控除」で贈与を受けた場合は、使途にまったく縛りがありませんから、学習関係ではなく旅行やレジャーの費用、自転車の購入費など自由に子供のために使うことができるのです。

では、「教育資金支援の贈与税免除特例」は使いようがないかというと、そうでもありません。

というのも、祖父母が孫やひ孫に教育資金を支援することは、なかなか機会がないと行わないものです。孫やひ孫の経済状態がそれほど悪くなければ、わざわざ祖父母が支援する必要もありませんし、親のほうも遠慮して言い出さないことも多いはずです。

が、相続税対策を絡めることで、祖父母の孫に対する支援の気持ちを喚起することになります。

「相続税対策にもなるから、孫の教育費を出してやろうか」

という考えになるケースも増えると思われます。

また「贈与税の基礎控除」と「教育資金支援の贈与税免除特例」はダブルで受けることができますので、資産の多い祖父母が相続税対策に使うこともできます。

つまり、お金に余裕のある祖父母が、お金にあまり余裕のない子や孫、ひ孫に対して、「教育資金」という名目で、大きなスケールで資産分配をすることができるのです。これは、社会的な「世代間の資産分配」という意味においても、良いことだと思われます。

孫やひ孫がいる方は、ぜひ検討してください。

孫を養子にするという節税方法

資産家の間では、以前から孫を養子にするという節税方法が使われてきました。

これは〝普通の家庭〟でも役に立つ部分があるので、ご紹介しましょう。

なぜ孫を養子にすれば相続税の節税になるのか、その理由はいくつかあるのですが、まず「法定相続人」が増えるということがあります。

相続税というのは、「法定相続人」の数が大きな役割を果たします。

前述しましたように、相続税の基礎控除は（法定相続人×600万円＋3000万円）という算式で求められます。

もし、法定相続人が二人だった場合は、（二人×600万円＋3000万円）となり、合計で4200万円です。つまり、4200万円までの相続財産には相続税はかからないということです。

この算式を見ればわかるように、法定相続人が多いほど、相続税の基礎控除額は多くなります。つまり、法定相続人が多ければ多いほど、相続税がかからないで済む額が増えるということです。

しかし法定相続人というのは、基本的に「配偶者」と「子供」となっています。

つまりは、夫婦と子供です。

だから、妻と子供を残して死んだ場合は、妻と子供が法定相続人となります。子供がいない場合は、両親も法定相続人になり、子供も両親もいない場合は、兄弟姉妹も法定相続人になります。

なので、基本的には、孫は法定相続人にはなれません。

が、相続税の裏ワザとして、孫を「養子」にすれば法定相続人になれるのです。子供がいない夫婦などが、時々、養子縁組をすることがあります。この養子は、相続税的には、子供として「法定相続人」として扱われます。

なので、孫を養子にすれば、法定相続人が一人増えるということになるのです。

ただし、養子はすべて無条件で法定相続人になれるわけではなく、子供のいない夫婦で二人まで、子供のいる夫婦は一人までという制限が定められています。

相続税上の法定相続人になれる養子の条件

- 子供のいない夫婦は二人まで
- 子供のいる夫婦は一人まで

法定相続人が増えれば税率が下がる場合もある

そして、相続税というのは、遺産の額が多ければ多いほど税率が上がる「累進課税」になっています。

が、遺族が相続した遺産全体にかかってくるものではなく、遺産をもらった遺族一人ひとりに対して、そのもらった遺産の額に応じてかかってくるものです。

だから、なるべく多くの法定相続人に遺産を分散して、一人ひとりのもらう額を減らしておけば、相続税を低く抑えることができるのです。

たとえば、基礎控除後の相続税対象資産額2億円を残して死亡した人がいたとします。

相続人が実子一人だった場合、相続税額は次の計算になります。

相続税対象資産額 2億円×税率40%－控除額 1700万円
＝相続税納税額6300万円

つまりは、相続税を6300万円も払わなくてはならないのです。

が、これにもし養子一人が加わり、実子と養子が1億円ずつ分け合った場合は、どうなるかというと、次のような計算になります。

実子の分の相続税額
相続税対象資産額　1億円×税率30％－控除額　700万円＝相続税納税額　2300万円
養子加算額　2300万円×20％＝460万円
相続税額　2300万円＋養子加算額　460万円＝納めるべき相続税額　2760万円

この算式でわかるように、実子と養子が二人で分けた場合は、相続税額の合計は5060万円で済むのです。実子一人が全部相続したときよりも、1000万円以上も少なくて済むのです。

これが、もっと大きな額の相続となれば、数億円単位で納税額が変わってくることもありえるのです。

だから、子供が一人しかいないような夫婦は孫を養子にすれば、かなり大きな節税効果が得られるのです。

孫を養子にすれば相続税一回分が飛ばせる

そして、孫を養子にした場合、もう一つの相続税対策にもなります。

というのは、普通、相続というのは、親子の間で行われます。

親が死ねば子供に、その子供が死ねば、その子供の子供に、という具合にです。

だから、通常であれば、孫に相続されるときというのは、一度子供が相続し、その子供が死んだときに相続されることになります。

つまり、孫というのは二回目の相続を受けることになるのです。

そして、二回目の相続ということは、「相続税」が二度発生することになります。子供が親から相続する時に、一回相続税を払い、次に孫が相続する時にも相続税が発生するからです。いわゆる「二次相続」です。

が、孫を養子にしておけば、相続税一回分を払わなくていいわけです。

〝普通の家〟の場合は、「二次相続」のことはあまり考慮しなくていいと前述しました。一度相続した財産は次の相続ではかなり減っているはずだから、です。

が、そこそこ資産を持っている人にとっては、二次相続の心配はしておいたほうがいいでしょう。


相続税というのは最高税率55％なので、資産家にとってはバカになりません。相続税を二回払えば、単純計算では、１００の資産が25になってしまうのです。

それを避けるために、孫を養子にして、相続税を一回減らそうというわけです。

この相続税対策は、資産家の間で広く行われています。

普通に孫が相続する場合の相続税

資産家（親）
↓ 相続税一回目
子供
↓ 相続税2回目
孫

孫を養子にした場合の相続税

資産家
↓ 相続税一回目
養子（孫）

養子による相続税対策の落とし穴

養子をとることによる相続税対策には、落とし穴もあります。

それは、養子の場合は、通常の相続の2割加算という制度があるということです。

親子関係以外の法定相続人の場合（兄弟姉妹などが法定相続人になった場合）、相続税は2割加算するという制度があります。この制度は、被相続人の孫でもある養子にも適用されるので、養子の場合は、実子よりも相続税を2割余計に払わなければならないのです。

たとえば、相続人が実子二人、養子が一人の合計3人だったとします。そして、基礎控除後の相続人一人ひとりの相続税対象資産額が1000万円でした。

となると、相続税対象資産額が1000万円だとすると、税率は10％なので、通常は次のような計算になります。

相続対象額1000万円×税率10％＝100万円

そして、実子二人はこの100万円が、納めるべき相続税額となります。が、養子の場合は、この100万円に2割加算されるため、120万円が納めるべき相続税額となるのです。

相続税というのは、数億円単位で生じることもあるので、2割の加算となると、かなり大きい額になることもあります。

が、2割払ったとしても、相続税を一回、回避できるので、資産家にとっては節税になるケースが多いのです。

寄付金には相続税がかからない

相続税がかからないものに、「寄付金」もあります。

相続した財産を、国や地方公共団体、公益法人などに寄付をした場合、または公益信託の信託財産としたような場合は、一定の条件をクリアすれば、その寄付金は相続財産から除外されます。

一定の条件とは、主に次の二つです。

●寄付した財産を含めた相続税の申告書を期限内に提出すること。

●寄付できるのは、国、地方公共団体、もしくは社会貢献することが明確である公益法人などで、寄付した時点で設立されていること。

ただし、寄付した公益法人の実体がなかったり、相続人に利益をもたらすようなものだったりした場合は、この特例が適用されないこともあります。

寄付は生前にしておこう

よく小説や映画などで、「死後は自分の財産はすべて、慈善団体に寄付する」というような遺言を残している人が出てきます。実際に、そういうふうに考えている人もいるはずです。

「自分の財産は社会のために役立てたい」

「下手に財産を残して争族を招くよりは、社会に寄付をしたほうがいい」

というような考えを持つ人も少なくないはずです。

が、この考えそのものは良いと思うのですが、「死後に寄付をする」というのは、現実的には難しい面もあるのです。

というのも、遺族が反対することが多いからです。遺族としては、自分たちがもらえるはずだった財産がよそに行くわけですから、面白くないわけです。遺族の中には、故人の遺志を無視しても、財産が欲しいと思う人も出てくるわけです。しかも、それは決して「少数の悪人」ではありません。かなりの割合で出てくるのです。

そして、法定相続人の中で不服な者がいれば、日本の民法では、「遺留分」というのが認められていますので、財産の半分までは、法定の相続割合で分配されてしまうのです。

つまり、故人は全財産を寄付したいと思っていても、法定相続人が反対すれば、財産の半分までしか寄付できない、ということになる可能性があるのです。

だから、本当に自分の財産を寄付したいと思っているなら、生前に寄付をしておくことです。

生前に、慈善事業などに寄付をした場合、次の条件に当てはまれば、贈与税、所得税などはかかりません。

生前に寄付したときに、贈与税、所得税が課せられない条件

1　国や地方公共団体に対して財産を寄付した場合

特に条件はなく、特に手続きも必要ありません。

2　公益法人などに寄付をした場合

●寄付をした財産が寄付をして2年以内に、その事業に直接使われるなど一定の要件に該当すること。

●国税庁長官あての申請書を寄付してから4カ月以内か、寄付した年分の確定申告期限のいずれか早い日までに納税地の所轄税務署に提出すること。

※ただし、公益法人がその寄付金を正常に使用しなかったような場合は、国税庁長官の承認が取り消されることもあります。

第4章

不動産を制する者は相続を制す

「家」は相続のキーワードとなる

「家」や「不動産」は、良くも悪くも相続の重要なキーワードです。

そして、家や不動産をうまく味方につけるかどうかで、相続がうまくいったりいかなかったりするのです。

「親が家を持っていたばかりに、相続税がかかってしまった」というようなケースもあれば逆に「家があったために、相続税が課せられなかった」というケースもあります。

高額所得者の間では、相続税対策としてタワーマンションを購入するのが流行していたことがありました。一般の人にとっては、タワーマンションを購入すればなぜ相続税対策になるのかわかりにくいものだったでしょう。が、このタワーマンション購入節税は、何も高額所得者だけのものではなく、普通の人でも使える節税スキームなのです。

「ちょっと都心部に家やマンションを持っていただけで相続税がかかる可能性がある」ということを前述しましたが、逆に家には相続税上では様々な特例措置があるのです。

バブル時代には、特例措置などはほとんどなく、都心部の不動産が狂乱的に上昇したために、猫の額ほどの家を持っていただけで莫大な相続税が課せられ、遺族がまだ住んでいるのに、家を泣く泣く売却しなければならないようなケースが多発しました。

その反省により、税務当局のほうも、生活資産である家やマンションを持っていただけで多額の相続税がかかるのは良くないと考えているのです。

長年住んで生きた我が家を、土地の値段が上がったからといって、相続時に手放さなくてはならないのは、たまったものではありませんからね。

また、この特例措置を生かせば、相続税を下げたり、免税にしたりすることもできるようになりました。うまく自分の資産を家やマンションに集中すれば、相続税を免れることもできるのです。

ただし、家やマンションの所有者が無条件で相続税を逃れられるわけではありません。

一定の条件に合致した場合のみ、相続税の減額措置などが受けられるのです。

また現在、相続税がかかるくらいの金融資産などを持っている人が、相続税の特例措置に合致する家やマンションを購入することで、相続税を免れるというようなケースもあります。

一方で親の住んでいた家が、それほど価値がなく、相続税もかからないような場合でも、親が死亡した後、放置していれば、「空き家」として多額の固定資産税が課せられ、売るにも売れないという状況に陥ることもあります。

こういう情報を知っているのと知らないのとでは、大きな違があると言えるのです。

不動産は庶民の相続対策において、もっとも重要なアイテムなのです。

この章では、そういう家や不動産における賢い相続対策をご紹介していきたいと思います。

親と同居している家は相続税が大幅に割引される

相続に関する不動産の知識で、まず知っておいていただきたいことがあります。

それは故人が居住していた家に遺族が引き続き居住する場合、相続税の大幅な割引制度があるということです。

「夫の名義の家に夫婦で一緒に住んでいて、夫が先に亡くなる」

というようなケースは非常に多いのです。こういうケースで、残された妻がその家に住み続ける場合は、相続税は大幅に割安になるのです。

また夫婦に限らず、子供と親と一緒に住んでいた場合で、親が死亡したときでも、同様の割引が受けられます。

これは「小規模宅地等の特例」と呼ばれるもので、死亡した人と遺族が同居していた家に遺族がそのまま住み続ける場合、土地の広さが330㎡以下の部分は土地の評価額が80%も減額されるのです。

同居している親族というのは、配偶者をはじめ子供たちなども含まれます。

330㎡というと、100坪のことです。

今時、100坪の土地を持つ家などはなかなかお目にかかれません。特に都心部では相当な地主でもない限り、100坪の住宅地などはありません。

だから〝普通の人〟の住宅の場合は、ほとんどがこの条件に当てはまるはずです。

とりあえず相続税のために遺族が追い出されるというようなことはなくなるわけですから、土地が高いところに家を持っている人は、これで一安心でしょう。

たとえば、30年前に都市近郊に購入した家（土地は200㎡）が、現在の時価では7000万円になっていたとします。

家の価値は1000万円、土地の価値は6000万円です。ほかに資産は預貯金が2000万円程度です。合わせて8000万円の資産があるのです。

法定相続人は妻と子供二人です。この場合、相続税の基礎控除を超えていますので、普通は相続税がかかってきます。

しかし、夫が死んだ後も妻がその家に住み続ければ、家の土地の評価額は8割減となります。だから土地の価格はわずか1200万円でいいということになり、家と預貯金を合わせても4200万円にしかなりません。これで相続税の基礎控除以下になるので、相続税はかからないのです。

自宅の土地が8割減となる条件（小規模宅地等の特例）

●故人の自宅の土地が330㎡以内であること
●故人と同居していた法定相続人がその家を相続し、そのまま住み続けること

家は都会に持つべし

この「小規模宅地等の特例」の３３０㎡という条件は、全国共通です。

土地代の高い都心部でも、土地代が非常に安い地方でも、同じ３３０㎡という条件になっています。

だから、持ち家は都心部にあるほうが、相続税上は有利になります。

たとえば都心部で２００㎡の家を持っていて土地の時価は１億円だったとします。これは、土地が３３０㎡以下なので「小規模宅地等の特例」に該当します。土地の評価額は８割減の２０００万円でいいということになります。

一方、地方で６６０㎡の大豪邸を持っている人がいたとします。土地の時価は５０００万円です。が、この地方の大豪邸の場合、「小規模宅地等の特例」を受けられるのは３３０㎡までなので、土地の半分しか受けられません。土地の評価額５０００万円のうち、半分だけが８割減の対象となり、残りの半分は普通に時価が適用されます。だから、この場合の土地の評価額は3000万円ということになるのです。

つまり、都心部の1億円の土地は2000万円に減額され、地方の5000万円の土地は3000万円にしか減額されないというような現象が生じるのです。

この点は、念頭に置いておいてください。

だから、これから家を購入しようと思っている人は、相続税のことを考えるならば、なるべく都心部のほうがいいということです。

2世帯住宅も節税対策になる

前項でご紹介した「小規模宅地の特例」には、子供の場合、同居という大きなハードルがあります。

相続人が配偶者（夫婦どちらか）の場合は問題ないでしょうが、相続人が子供の場合は、同居は難しいことも多いでしょう。

昨今では、親が一人暮らしをしている、という人も多いです。夫婦はどちらかが先に死ぬわけですから、子供と同居していない限り、いずれは一人暮らしになる可能性が高いのです。

そして、そういう一人暮らしの親の家が、遺産として残された場合、「小規模宅地の特例」は使えませんので、まともに相続税が課せられることになります。

が、そういうケースでも、「小規模宅地の特例」が使える方法がいくつかあります。

それを、これからご紹介していきます。

まずは二世帯住宅です。

「小規模宅地の特例」は、完全に一つの家で同居しておく必要はなく、二世帯住宅でも適用されるのです。しかも玄関などが別々で、両家の間が行き来できない完全分離型でもOKなのです。

だから、親がけっこう大きな金を持っている場合は、土地の高い都心部に完全分離型の二世帯住宅を買ってもらい、そこに住むというのも、有効な節税策だと言えます。

また、この二世帯住宅の特例は、病気などで最終的に親が家から出て施設や老人ホームで亡くなったような場合でも適用されます。これには若干の条件があります。その条件は以下の通りです。

被相続人が老人ホームに入居していても「小規模特例」が使える条件

次のような理由により、相続開始の直前において被相続人の居住の用に供されていなかった宅地等について、一定の要件を満たす場合には、特例の適用ができるようになりました。ただし、被相続人の居住の用に供さなくなった後に事業の用又は被相続人等以外の者の居住の用とした場合を除きます。

イ　要介護認定又は要支援認定を受けていた被相続人が次の住居又は施設に入居又は入所していたこと

A　認知症対応型老人共同生活援助事業が行われる住居、養護老人ホーム、特別養護老人ホーム、軽費老人ホーム又は有料老人ホーム

B　介護老人保健施設

C　サービス付き高齢者向け住宅

ロ　障害支援区分の認定を受けていた被相続人が障害者支援施設などに入所又は入居していたこと

（国税庁ホームページより）

同居していなくても相続税割引が受けられる「家なき子特例」

前項では、二世帯住宅であっても、「小規模宅地の特例」が適用され土地分の相続税が8割減になる特例があるとご紹介しました。

が、家族や仕事の都合などで「二世帯住宅の同居」も難しいという方も多いと思われます。

そういう方には、「家なき子特例」というものがあります。

一定の条件をクリアしていれば、同居していなくても「小規模宅地の特例」が受けられるのです。

その条件というのは、ざっくり言うと次の通りです。

●被相続人に同居している相続人がいないこと

●相続人が自分の家を持っていないこと（持ち家があっても3年以上、賃貸住宅に住んでいればOK）

です。

つまり、親が一人暮らしをしていた家などを引き継いだ場合、その相続人が他の家を持っていなければ、「小規模宅地の特例」が適用され、土地の評価額が8割減になるということです。

たとえば両親のうち、父親は死亡していて母親が持ち家に一人暮らししている、子供は別のところで賃貸住宅に住んでいる、というようなケースです。

これは「家なき子制度」と言われています。持ち家のない子供が、親の家を継いだときに受けられる特例だからです。

同居していなくても土地評価額8割減で家を引き継げるって、すごくないですか?

親が家を持っている人は、無理して家を買わないほうがいいかもしれませんね。

これは、あまり知らない人も多いようなので、ぜひ知っておいてください。

この「家なき子制度」は、かつて家を持っていても売却してしまっている人や、持ち家があっても賃貸に出して3年以上経過した人も、対象になります。

ただし、平成30年度の改正により、次の人は、この家なき子制度を受けることができなくなりました。

●相続開始前3年以内に3親等の親族等が所有する家屋に居住したことがある者
●相続開始時において居住用に供していた家屋を過去に所有していたことがある者

つまり、自分自身は家を持っていないけれど配偶者所有の家に住んでいる人や、持ち家の名義だけ変更したなどという人は、対象外ということです。

なぜこのような改正が行われたか、というと、自分の持ち家を配偶者の名義にして、自分は家を持っていないということにして、家なき子制度を受けようという人が増えたからなのです。本当は家を持っているのに、家なき子制度を受けるためだけに自宅名義を妻などに移し、自分は持ち家がないということにする人が出てきたのです。

そういう人以外の、普通の真面目な「家を持っていない人」は、この特例を適用できるのです。

タワーマンションで相続税が安くなる仕組み

冒頭に少しお話ししましたが、「富裕層の間でタワーマンションが節税対策として売れている」というようなことを聞いたことがないでしょうか？

実はタワーマンションというのは、かなり以前から資産家の間で相続税の節税アイテムとして使われてきました。不況のときにもタワーマンションの完売が相次いでいたのは、このためでもあります。

なぜ、タワーマンションが資産家の相続税の節税アイテムになるのでしょうか？

その仕組みを説明しましょう。

まず、先ほどご紹介した「小規模宅地の特例」に、タワーマンションは該当することが多いということです。

「小規模宅地の特例」は、都心部の土地の高いところのほうが有利だと前述しました。「330㎡以内」という条件は全国共通だからです。土地の高い場所でも、土地の安い場所でも、３３０㎡以内であれば「小規模宅地の特例」に該当するのです。

この「小規模宅地の特例」において、タワーマンションは非常に有利なのです。マンションであれば、相当に広いところでも、所有権のある土地面積が３３０㎡を越えることはなかなかありません。またタワーマンションは、だいたい土地のバカ高いところにあります。

だから、都心部のタワーマンションに住んでいる人が亡くなった場合、同居していた家族や「家なき子」は、非常に安い評価額でこのマンションを引き継ぐことができるのです。

タワーマンションの高層階の抜け穴

タワーマンションの中でも「高層階」については、さらに有利になっています。

というのも相続税での土地の評価額というのは、土地は「路線価」を基準に決められることになっています。路線価というのは、その年の不動産取引額などを基準にして、国税庁が算定した土地の評価額のことです。

本来、相続税の財産の評価額は時価が基本ですが、不動産の時価などというものは、実際に取引をしてみないとわかりません。いちいち取引することはできないので、国税庁が算定した「路線価」を基準にすればOKという通達がでているのです。

が、この「路線価」には実は大きな欠陥があります。

マンションの場合、路線価というのは建物全体で算定されるのです。つまり同じマンションであれば、どこの部屋であっても、路線価（土地代）は同じ、ということなのです。同じマンションであれば、どこの階層の部屋であっても、相続税の基準価格は同じであり、広さのみが価格を増減させるのです。

しかし、ご存知のようにマンションの高層階と低層階では、不動産価格は全然違います。30階建てなどの高層マンションでは、30階付近と1階付近では価格が倍くらい違うこともあります。

しかし路線価で見ると、同じマンションであれば、路線価はすべて同じになるのです。だから高層階の高額マンションを買えば、低層階と同じ路線価で済むということです。

つまり、高層階マンションを買えば、相続税の土地評価額が、低層階の半分で済むということもありえるのです。

実際にタワーマンションの高層階の売買価格と、路線価の評価額ではかなり大きな開きがあったりするのです。その開きの分だけ、相続税が安くなるというわけです。

またタワーマンションの高層階は、固定資産税でも有利でした。固定資産税の評価額も同じマンションであればどの階であっても同じだったからです。

「タワーマンションは高層階から売れている」

というようなことが言われますが、このことも大きな要因なのです。

タワーマンション節税の問題点

このタワーマンション節税は、実は大きな問題もあります。

というのも、税務当局もこの「法の抜け穴」に気づき、是正に乗り出しているからです。

そして、あからさまな節税対策として、タワーマンションを購入していれば、否認され追徴税を食らうというような事態も起きているのです。

その例を、一つご紹介しましょう。

平成19年7月に、高齢のAさんが病気で入院しました。

Aさんはこの翌月に、タワーマンションの高層階（30階部分）を2億9300万円で購入しました。そして、その翌月の平成19年9月にAさんは死亡したのです。

Aさんの遺族は、このタワーマンションを相続し、評価額を5800万円として相続税の申告をしました。

その翌年、Aさんの遺族はタワーマンションを2億8500万円で売却しました。

つまりは、実際には2億8500万円の価値があるマンションを、相続資産としては5800万円しか申告していないのです。実に時価の5分の一しか、申告していなかったわけです。

Aさんの遺族は、別に脱税をしていたわけではありません。国税の通達通りに、「路線価」と「固定資産税評価額」を基準にして、タワーマンションの評価額を申告していたのです。

ところが、この遺族の相続税申告に国税が、更正処分を行いました。

財産評価基本通達で評価した5800万円ではなく、タワーマンションの購入価格である2億9300万円で申告するべきであるとしたのです。

それに対して、Aさんの遺族は、「財産評価基本通達」に定められた通りに申告を行っているとして、「国税不服審判所」に不服申し立てを行いました。

税務に関する訴訟をする場合、裁判を起こす前に、まず国税不服審判所というところで、不服申し立てをすることが一般的です。国税不服審判所では、国税の職員や第三者による審査が行われ、裁判を起こす前に、法の是非をある程度占うことができるのです。

しかしこの国税不服審判所は、Aさんの遺族に不利な審判を下しました。

国税不服審判所の判断の要旨は次のようなものでした。

「このタワーマンションは、被相続人が死亡する前後の短期間に一時的に所有したに過ぎず、通常の財産とは違う。つまり節税目的で一時的にタワーマンションを購入しただけである。そういう財産について実際の価値とは大きくかけ離れた資産評価をすることは、納税者間の公平を害するので、時価で申告するべきである」

つまりは、Aさんの主張を退け、国税の処分を是としたのです。

実は「財産評価基本通達」の第6項には、次のような定めがあります。

「この通達の定めによって評価することが著しく不適当と認められる財産の価額は、国税庁長官の指示を受けて評価する」

つまりは、通達の手順通りに申告をしていたとしても、それが著しく不公正になるような場合は、国税庁長官の指示により変更できる、ということなのです。

Aさんの遺族の場合は、この規定が適用されたのです。

Aさんの遺族は、国税不服審判所の審判を不服として、裁判を起こしましたが、最終的に最高裁でも同様の判決がでました。

タワーマンション節税には大きなリスクが

前項で述べたように、タワーマンション節税というのは、国税からいきなり追徴課税を食らうというリスクをはらんでいるのです。

そもそも、タワーマンション節税というのは、「不動産の相続税評価額は原則は時価だけれど、便宜上、路線価を使ってもいい」という国税庁の通達に基づくものなのです。

そして国税庁の「財産評価基本通達」の第6項には、次のように記されています。

「この通達の定めによって評価することが著しく不適当と認められる財産の価額は、国税庁長官の指示を受けて評価する」

つまり、「相続税の土地の評価額は、原則として路線価を基準に決めていいけれど、実態とあまりにかけ離れているような場合は、国税側が評価し直すかも」ということです。

ざっくり言えば、タワーマンションの高層階を購入することによってあまりに節税額が大きければ追加課税される可能性もある、ということです。また今後、この節税策を使う人が増えて、世間から批判を浴びたりすれば、国税の対応も厳しくなります。

実際、国税庁は２０２３年に、「路線価と実勢価額があまりに乖離《かいり》するような不動産に関しては、調整を図る」と発表しています。つまりは、市場価格に近い金額まで、路線価の査定が引き上げられるというわけです。

だから、筆者としては、「タワーマンションの高層階は節税になる」と断言することはできないのです。

タワーマンションの高層階の固定資産税も改正された

またタワーマンションの高層階は、２０１８年度から固定資産税の評価額も改正されました。20階以上のマンションの高層階に対しては、階を上がるごとに高くなるように設定されたのです。この改正により、最大で1階と最上階の差は、十数%程度になりました。

ただ、この程度の改正では、まだタワーマンションの実態からはかけ離れているといえます。

ほとんどのタワーマンションで、高層階と低層階の価格の違いは、わずか十数%では済みません。マンションによっては、2倍以上の価格差が生じる場合もあります。

50階建てマンションの50階と1階を比較して、価格差が10%などということはあり得ないといえます。

またこの新しい課税方法が適用されるのは、2017年4月以降に販売されるマンションです。それ以前に販売されたものは、以前のままの固定資産税が適用されるのです。

これを見ると、タワーマンションの高層階というのは、節税アイテムとしてはまだまだ使えそうですが、非常に危険をはらんでいるということは肝に銘《めい》じておいてください。

住んだまま持ち家を換金できる「リバースモーゲージ」とは？

持ち家がある人の中には、家を遺産として残したくないと思っている人もいるでしょう。下手に遺産があると親族の間で揉めるケースも出てきますし、自分の資産はなるべく自分で使っておきたいと思う方もいるでしょう。

かといって生前に家を手放して換金すると、いろいろと不都合が出てきます。家を手放して他に家を借りれば家賃がかかります。家を手放してすぐに死ぬのならいいですが、人はいつまで生きるかはわかりません。長く生きれば生きるほど家賃の支払い期間が長くなり、お金の余裕がなくなってきます。

そういう方には、リバースモーゲージという方法もあります。

リバースモーゲージというのは、ざっくり言うと、自分の家を担保にしてお金を借りる制度です。普通の不動産担保ローンとどこが違うのかというと、基本的にお金は返さなくていいということです。自分の死後に、持ち家の所有権を借金の貸主（金融機関）に譲渡するという条件になっているのです。

つまりは、「自分の家に住み続けながら、自分の家の売却代金を事前に受け取る」というような制度です。

融資金額は、持ち家の市場価値などを勘案して決められます。

相続対策としては、非常に有効なアイテムだと言えます。また下手に資産を残してしまうと、親族間の「争族」の種を残してしまうことになりかねないからです。それを考えたとき、リバースモーゲージは、相続対策としては有効な資金調達システムなわけです。

リバースモーゲージは、

「自分の資産を自分が生きているうちに自分のために活用できる」

という画期的な制度ですが、若干の難点もあります。

原則として、借金の返済の必要はありませんが、契約によっては不動産価値が当初に比べて急激に下がったような場合は、返済を求められることもあるのです。だから、契約内容をよく確かめてから契約する必要があります。

また一般的に言って、リバースモーゲージで融資してもらえるお金は家を普通に売却した金額よりはかなり低くなるといえます。

貸し手のほうは、不動産価値が下落することも見越して、「この程度なら貸せるだろう」という金額を査定します。それは、当然のことながら、実際の市場価値よりも低くなることになります。

だから、家に住み続ける必要がある場合は、リバースモーゲージを使ったほうがいいでしょうが、老人ホームなどに入居するなど、もう家から離れるような場合は、普通に売ったほうが大きなお金になると言えます。

このリバースモーゲージは、自治体が行っているケースや銀行などの金融機関が行っているケースがあります。またもし推定相続人（将来、法定相続人になるだろう人）がいる場合は、推定相続人全員の了解が必要となります。その点は注意が必要です。

親の「空き家」を放置すると固定資産税が6倍に

家の相続においては、「空き家問題」もあります。

親が家を持っているけれど、そこには住めない、というケースも多いようです。昨今の「空き家問題」の多くは、かつて親が住んでいたけれど、親が死亡したために空き家になってしまったというケースです。

親の残してくれた家といえども、いろいろな条件によりもう自分は住むことはできず、しかも家の資産価値もほとんどない、売りに出しても売れそうにない、というケースもかなりあります。

不要な家、売れない家であっても、固定資産税がかかってきますので、経費だけはかかることになります。また、ずっと空き家にしておくと、変な人が住み着いたり、犯罪の現場になったりもしかねません。

さらに、平成27（2015）年から実施された空家対策特別措置法により、一定の条件に当てはまる空き家には、固定資産税が従来の6倍になることになりました。

これはどういうことかというと、現在の固定資産税は、住宅用地には軽減措置が取られています。200㎡までは本来の固定資産税の6分の一でよく、200㎡を超える部分は3分の一でいいということになっているのです。

しかし、一定の条件に該当する空き家には、この軽減措置が受けられなくなるのです。

一定の条件というのは、以下の4つのうちいずれかに該当するものです。

- ●倒壊等著しく保安上危険となるおそれのある状態
- ●著しく衛生上有害となるおそれのある状態

●適切な管理が行われていないことにより著しく景観を損なっている状態
●その他周辺の生活環境の保全を図るために放置することが不適切である状態

この4つの条件については、空き家のある土地の自治体が判断をします。

だから自治体が、この空き家は上の4つのうちのいずれかに該当する、という判断を下した場合は、固定資産税が3倍から6倍に跳ね上がってしまうのです。

固定資産税を上げられないためには、家の管理や手入れをしっかりやらなくてはならないのです。が、そもそも空き家になっているというのは、利用価値がないということなので、管理や手入れをするのは非常に大変です。

借り手もなく、使用してもいない空き家のために、毎年、高い固定資産税を払うのはバカバカしいことです。

だから、空き家を引き継ぐ前に、どうにか対処をしたいものです。

親の空き家を「相続放棄」する方法

親の空き家対策で一番いいのは、相続の段階で放棄することです。

親が亡くなったときに、「この家は住めないし、売りに出しても売れないだろう」と判断した場合には、相続放棄の手続きを取ることで、家の所有を回避することができます。

相続放棄の手続きは、以下のような手順となります。

親が最終的に住んでいた場所の管轄の家庭裁判所に、「相続放棄申述書」というものを出します。

「相続放棄申述書」の提出の際には、

●亡くなった親の住民票（除籍）
●亡くなった親の戸籍謄本
●あなたの戸籍謄本

などを添付します。

手続き的には以上です。

もし不明な点があれば、家庭裁判所の窓口で聞けば教えてくれます。またネットなどにも、手続きのやり方は載っています。

この相続放棄の期限は原則として「相続を知った日」から3カ月以内です。つまり、親の死を知ってから3カ月以内にこの手続きを取らなければなりません。

ただし、この相続放棄には大きな問題点があります。

それは、相続放棄する場合は、すべての遺産を放棄しなければならないということです。不要な家だけを放棄することはできず、金融資産やほかの不動産などもすべて放棄しなければならないのです。

だから、家は不要だけれど、他の遺産は欲しいというような場合は、この方法は使えません。遺産全部を検討し、「すべて放棄してもいい」ということになった場合にしか使えないのです。

3カ月以内に相続放棄をするか判断しよう

前項で述べましたように、相続放棄するためには、空き家だけではなく、すべての遺産を放棄しなくてはならないのですが、その判断は3カ月以内にしなければなりません。相続放棄の期限は原則として、「相続を知った日から3カ月以内」となっているからです。

まず、空き家になる家の価値を正確に調べましょう。

これは、いくつかの不動産屋さんを回って相談してみることです。

その家の不動産価値がいくらくらいあるのか、売ったり貸したりすることは可能なのかどうかを、それで判断しましょう。一つの不動産屋さんだけでは、判断に偏《かたよ》りが出てきますので、2〜3軒は回ってみましょう。

その際に、「この辺の家は売れない」「空き家ばかり」というようなことであれば、相続放棄を検討しましょう。

そして、家のほかの資産をチェックし、家のほかに大した財産がなければ、思い切って遺産放棄を考えましょう。

現金預金などが若干残されていても、すぐに「お金は欲しいから相続放棄はしない」という判断はせずに、空き家となったときの固定資産税と比較検討してみましょう。

現在の固定資産税の税額をチェックし、その60倍以上の現金預金が残されていれば、「相続する」ということも考えたほうがいいのですが、それ以下であれば相続放棄の方向で考えたほうがいいと思われます。

なぜ60倍かというと、空き家になった場合、固定資産税が6倍になるかもしれず、それが10年続いた場合、現在の一年分の固定資産税の60倍のお金が必要となるからです。

だから年間の固定資産税が５万円だった場合は、家以外の資産が３００万円以下であれば相続放棄を検討しましょう。３００万円の資産が目の前にあると、思わず飛びつきたくなるかもしれませんが、ここは冷静に判断しましょう。空き家になって、家をちゃんと管理することができるのかどうか。もしできずに不良空き家を抱えてしまえば、固定資産税は10年で３００万円に達してしまうのです。

しかも、10年以内に処分できればいいのですが、できなかった場合は、さらに固定資産税が積み重なっていくのです。

すでに空き家を相続してしまった場合

親の空き家を相続放棄せずに、すでに相続してしまったという方もおられるでしょう。その際の対処法を、いくつかご紹介したいと思います。

まず最初にやってみることは、「売りに出してみること」です。一つの不動産屋さんに頼んで、売れなかったとしても、いくつかの不動産屋さんを回ってみることです。不動産屋さんには得意不得意がありますので、いくつか回れば、売れる可能性は高くなります。

次に、自治体や公益法人などに寄付する、という方法があります。

やり方は簡単で、市区町村やめぼしい公益法人などの窓口に行って、「この土地（家）を寄付したい」と申し出ればいいのです。

ただし市区町村や公益法人なども、すぐに受け取るかというとそうでもありません。市区町村の場合は、寄付を受け取ると、その土地の固定資産税が取れなくなってしまいます。

また何よりも、土地の管理費用がかかってしまいます。

だから、それなりの利用価値がない場合は、受け取ってくれないのです。

また町内会に寄贈するという手もあります。町内会であれば、町民の集合施設として使ってくれるかもしれません。また町内の人は、空き家が放置されることは不安材料でもありますので、町内会に相談すれば何か対処法を考えてくれるかもしれません。

その他に空き家に隣接する住民などに贈与するという方法もあります。、

贈与をした場合、資産価値が110万円を超えれば、受け取ったほうには贈与税がかかります。不動産の資産価値は、市場価値で判断されます。対処に困っている空き家の場合は、資産価値はゼロに等しいので、本来は110万円を超えるはずはないのですが、固定資産税の評価額では110万円を超えているかもしれません。

その場合は、近隣の不動産屋さんなどに市場価値を査定してもらい、その価格を基準として、110万円以上であれば贈与税の申告をしなければなりません。

いずれにしろ、不要な空き家を相続してしまうと、かなり大変なことになります。だから、親が亡くなってから3カ月以内に、相続放棄の判断をしたいものです。できれば、親が生きているうちに、家の価値や家以外の資産がどのくらいあるかなどの話し合いをした

ほうがいいでしょう。

第5章
相続ビジネスに要注意

〝相続ビジネス〟に気をつけろ！

相続に関しては、「争族」「相続税」のほかにもう一つ気を付けなくてはならないことがあります。

それは、〝相続ビジネス〟です。

相続ビジネスというのは、ざっくり言えば「相続税対策」を売りにした商品や、サービスのことです。

昨今では、「相続税の高さ」を煽《あお》って、アパート経営、墓地の購入、税理士の勧誘など様々な相続ビジネスが展開されています。

相続ビジネスの何が怖いかというと、下手に手を出してしまうと、「相続税の負担額よりもはるかに多くの負担を強いられることになりかねないこと」です。

相続税を安くするつもりで、アパートを買ったり、墓を買ったりする。しかしよくよく計算してみると、実際に納付する相続税よりも何倍ものお金が出て行っているというようなケースが多々あるのです。

が、今一度確認しますが、庶民の場合、相続税の税額自体はそれほど高いものではありません。また普通の節税策を施せば、だいたいゼロに近い状態に持っていけます。

だから、資産数千万円～１億円程度の庶民の場合は、相続ビジネスなどに手を出す必要がまったくないと言えます。

また相続ビジネスの中には、税理士によるものもあります。

税理士の中には、「自分に依頼すれば相続税が安くなる」ということを謳《うた》い文句にしている人もかなりいます。その中には、実際には相続税はほとんどかからないにもかかわらず、自分に依頼しなければ多額の相続税がかかるかのような言い方をして、不安を煽ってくる人もいるのです。

そういう悪徳税理士に引っかからないように、十分に注意をしなくてはなりません。

もちろん、相続税に関しては、税理士に頼んだほうが安くなるというケースもあります。その見極めは、一般の人にはなかなか難しいものがあります。

本章では、相続税ビジネスのやり方をご紹介し、どうすれば引っかからずに済むか、ということをご説明していきたいと思います。

本当にアパート経営は相続税の節税になるのか？

相続ビジネスの最たるものに、「アパート経営」があります。

不動産会社が「アパート経営をすると相続税の節税になります」と謳って、アパートを売り出すのです。新聞などに頻繁にこういう広告が出ているので、ご存じの方も多いのではないでしょうか？

本当にアパート経営は相続税の節税になるのでしょうか？

結果から言うと、「庶民の場合は、アパート経営で相続税対策をするのはやめたほうがいい」ということになります。

まず、なぜアパート経営をすると節税になると言われているのか、その仕組みをご説明しましょう。

アパート経営による相続税節税のポイントは次の二つです。

1　資産を現金預金ではなくアパート用地で残せば、遺産としての評価額が大きく下げられる。
2　借金をしてアパートを建てれば、その借金分が遺産から差し引かれる。

これはどういうことなのか、順に説明していきましょう。

1　アパートの用地の相続評価額は200㎡までは50％減でよい
2　遺産に借金があった場合、相続税対象額から差し引かれる

まずは1の「資産を現金預金ではなくアパート用地で残せば、遺産としての評価額が大きく下げられる」についてです。

相続税の特例として、住居用の土地の評価額が減額されることは前述しました。実は、この特例は住居用の土地だけではなく、事業用の土地の評価額も減額されることになっているのです。

この特例では、アパートなどの不動産業に使用されている土地は、200㎡までは相続

税の評価額が一般の土地より50％も減額されることになっています。この不動産業の土地というのは、アパートだけではなく、マンション、貸家なども含まれます。

つまりは、相続資産の中に、アパートなどがあった場合、その土地の評価額は50％でよいということなのです。

だから、もし1億円のお金を持っている人が、1億円の土地を買ってアパートを建てていて、遺族がそのアパート事業を引き継ぐ場合は、1億円の土地の相続税の評価額は5000万円でよいということになります。

現金で1億円残すよりは、そのお金で土地を買ってアパートを建てれば、相続税は半分にできるというわけです。

次に2の「借金をしてアパートを建てれば、その借金分が遺産から差し引かれる」ということについて、ご説明しましょう。

相続税法では、故人がローンなど借金を残していた場合、遺産の額から借金の額を差し引いて、その残額が相続税の対象額となることになっています。

だから、故人がアパートを建てるために銀行から借金をしていたりすれば、その借金は遺産から差し引くことができるのです。

先ほどの１億円のお金を持っていた人を例にとると、この人が１億円でアパート用の土地を買い、５０００万円の借金をしてアパートを建てたとします。１億円のアパート用地は、相続税の特例により、相続評価額は50％減になり、５０００万円となります。そして５０００万の借金をしてアパートを建てていますので、さらに５０００万円が引かれます。となると、残額はゼロです。

つまりは１億円の資産があっても、アパートを建てることにより、相続税をゼロにすることができるのです。

アパート経営節税のほとんどが失敗する理由

しかし、このアパート経営節税には、大きな落とし穴があります。

まず、これほどの大掛かりな節税を行って、一体どれくらいの相続税の節税になるのか、という大きな疑問があります。

相続税の対象資産を1億円も減額されると、何か「相続税が1億円減額された」というような錯覚に陥ってしまいます。

しかし、相続税というのは相続資産の100％を取られるわけではありません。相続資産に税率をかけたものが、相続税として納付すべき額なのです。

そして何度も触れましたように、実際の相続税の税率は、数千万円〜1億円くらいの資産であれば意外に少ないのです。せいぜい10％から20％です。

また、もし法定相続人の中に配偶者がいる場合（故人の妻もしくは夫）は、遺産1億円程度では、相続税はゼロになることがほとんどです。

つまりは、遺産が1億円くらいであれば、相続税額は普通はゼロかから数百万円程度であり、最大でも1220万円なのです。

この相続税の節税額を重々頭に入れておいてください。

そして、一方、アパート経営をした場合に、どのくらいの経費がかかるのか、ということを考えなくてはなりません。

銀行から5000万円の借金をしていれば、利子だけで毎年100万円以上かかります。固定資産税も相当かかります。果たしてアパート収入でこれらの経費をペイできるか、ということです。

アパート経営が儲かるならばいいのですが、儲からないときには、10年くらいで数百万円、数千万円くらいの赤字がすぐに出てしまいます。庶民がアパート経営に乗り出した場合、儲からないケースのほうが圧倒的に多いのです。

数十万円の赤字が数年続けば、相続税の節税額をすぐに超えてしまいます。しかも、そういうケースはいくらでもあるのです。

アパート経営は本末転倒になる可能性が高い

そして、アパート経営をする場合に、もっとも気を付けなくてはならないのは、資産価値の目減りです。

アパート経営の赤字が続いたり、経営が面倒になったりして、アパートを売ろうとしたとき、一体どのくらいの価値で売れるかということです。

先ほどの例で言うならば、1億円で土地を買い、5000万円で建物を建てたのだから、本来は1億5000万円の資産価値ということになります。このアパートが1億5000万円で売れるのであれば、何も問題はありません。

しかし、1億5000万円で売れる可能性は非常に低いのです。

まず建物は、建てた瞬間からすぐに減価が始まります。2～3年もすれば1割減、2割減は当たり前ということになります。

だから、よほど土地が値上がりしている地域でないと、1億5000万円を維持するのは難しいでしょう。また、そういう美味しい土地は、不動産屋が自分で確保してアパートを建てているはずなので、そういう土地を売っている可能性はあまりありません。

そして、土地が値上がりしていないような場合は、数年で少なくとも数百万円から1000万円くらい資産価値が目減りします。2～3000万円分の目減りをすることも決して珍しくないのです。

つまり、アパートの価値は、あっという間に相続税の節税額以上の目減りをしてしまうのです。

相続資産が数千万円～1億円くらいの庶民では、アパート経営で節税になるケースはほとんどないと言っていいでしょう。それどころか大損をする可能性が非常に高いのです。
「アパート経営をして相続税が安くなって得をする」というケースは、数億円の資産を持っている人が、懇意《こんい》にしている不動産屋から高くて収益性のある土地を買って、儲かる「アパート経営」をしたときに限られるのです。

「アパート経営は相続税対策になる」という宣伝文句に乗せられて、アパート経営を始める人も多いようです。

２０１６年には、アパート向けの融資が過去最高を記録しています。つまりは、ローンを組んでアパートを建てる人が激増したわけです。

このアパート向け融資は、あまりにも件数が増えたため、1年ほど前から、金融庁の監督が厳しくなりました。そのため、ここ2~3年ほどはアパート向け融資は少し減っているようですが、それでもかなりの高水準です。

しかし、サラリーマンのアパート経営のほとんどは赤字になっています。

そもそも、アパート経営が儲かるのであれば、不動産会社は自分たちでやっているはずなのです。わざわざサラリーマンに売りに出すということは、あまり儲からないからなのです。

そして儲からないアパートを買わされた場合、相続税の節税額よりもはるかに大きな負債を背負わされることになるのです。

その点、重々念頭に置き、不動産会社の口車にまんまと乗せられないでください。

純金は相続税対策に使えるか？

相続税対策として、昔から「純金」というものもありました。

「お金の価値は下がるけれど、純金の価値は変わらない」

とよく言われます。

確かに、純金の価格は古来から上がり続けているとされています。

近年でも金の価格は2000年ごろに1グラム900円だったものが、今は1万4000円代ですから、20年間でなんと13倍に上昇したのです。

ただし、金の価値は下降するときもあります。

実際、１９８０年から１９８５年の間には、金の価値は半分以下になっています。

筆者は、金取引について専門家ではありませんので、この辺はなんとも言えません。が、乱高下する商品を買うということは、その損益を自分で責任を取らなくてはならないということです。

ただ金というのは、短期的に見れば上がり下がりしながらも、長い目で見れば、ずっと上がってきています。だから、長いスパンでの蓄財、資産管理としては、今のところ有効なスキームであることは間違いないでしょう。

また金は株などと違って、価値がゼロになるようなことはありません。株の場合、その会社が倒産したときなど本当に「紙切れ」になってしまうこともあります。しかし、金の場合は、いくら価値が下落したとしても、物質としての価値は必ずありますので、ゼロになったり、それに匹敵するような大暴落はないのです。

だから、この純金を相続税対策にも用いようという人もけっこういるのです。

もっともオーソドックスな方法としては、純金を１００グラム単位のバーに加工し、それを毎年１本ずつ家族に分け与えるというものです。

以前は１００グラム単位で小分けすれば、年間の贈与税基礎控除額１１０万円を下回っていたので、金の延べ板を毎年一枚ずつ贈与することができた、ということです。1キロ単位だと、贈与税の基礎控除額を超えてしまいます。それを逃れるために20万円程度の加工賃を払って、100グラム単位に小分けしてもらい、家族に毎年贈与するというわけです。

が、これは賢いようで実は無駄な作業です。

というのも、そんなことをしなくても、毎年現金などで家族に100万円程度を贈与し、そのお金で純金を買いたければ買わせればいいだけです。

しかも、現在は純金の100グラムあたり価格が、贈与税基礎控除110万円を超えてしまったので、この方法は使えなくなりました。純金を100グラム以下に小分けするとなると、さらに加工賃が跳ね上がってしまうのです。

また純金は、こういう合法的な相続税対策のほかに、「延べ板にして床下に隠す」などの非合法的な相続税対策に使われることもあります。

が、これも賢明な方法ではありません。

金の購入というのは、だいたい販売店側に記録が残っているものなので、税務署は誰がどこでどのくらいの純金を購入したのかという情報を持っています。その情報をもとに税務調査が行われることも、しばしばあるのです。

だから、マルサの調査で「金の延べ板が発見された」というようなことが時々ニュースで報じられることがあるのです。

お墓は買ったほうがいいのか？

アパート経営と同様に、「相続税対策のためにお墓を買いましょう」というような広告も最近よく目にします。

確かに、お墓の購入は相続税対策になることもあります。

64ページでは、必要なお墓や仏壇は生前に買ったほうがいいということをご紹介しました。

お墓は、相続税が非課税となっていますが、それはあくまで個人が所有していたお墓のことです。相続が発生してから遺産でお墓を購入した場合は、相続税非課税とはなりません。

だから、どうせ自分の墓を買わなければならないのであれば、生前に買っておいたほうがいいとご説明したのです。

が、かといって、必要もないのに、わざわざ相続税節税のためにお墓を買う必要はありません。

昨今、お墓の広告などで、「お墓の購入は相続税対策になります」というようなことを謳い文句にしているものも多々あります。しかし、くれぐれもこういう文言に引っかからないようにしてください。

何度か触れましたように、庶民の相続税というのは、税率は意外と低いのです。だいたい10%〜20%で済みます。高くても、せいぜい30%です。

ということは、数百万円かけてお墓を買ったとしても、節税できる相続税額は10%〜20%に過ぎないのです。多くても30%です。

もし、500万円のお墓を買っても、相続税の節税額は100万円くらいしかないのです。

だから、「わざわざ相続税の節税のためにお墓を買うこと」は非常にバカバカしいことなのです。

「お墓や仏壇を購入する」という節税策は、あくまでも「今まで持っていなかった人」「自分が死んだら必ず必要になるであろう人」が行うものなのです。必要もないのに、業者の口車に乗せられて購入するのはバカバカしいことなのです。

税理士にも悪い奴はいる

相続ビジネスの最後は、税理士についてです。

相続に関しては、税理士への依頼の有無や、依頼の仕方によって、結果が大きく変わってきます。

事業をしていない人（サラリーマンなど）にとって、税理士というのはなかなかなじみのないものです。どういうときに、どういう形で依頼すればいいのか、なかなかわからないものと思われます。

なので、まず相続に関してどういうときに税理士に依頼するべきか、税理士報酬というのはどのくらいかかるのか、ということをご説明していきましょう。

相続税の申告というのは、普通の確定申告よりも複雑です。自分で確定申告をしたことがある人でも、とっつきにくいものです。だから、相続税の申告をする際には、税理士に依頼しようと思ってしまう人も多いようです。

が、それにはまず相続税額との兼ね合いを考えるべきです。

何度か触れましたように、資産数千万円～1億円程度の庶民の場合、相続税はほとんどかかりませんし、かかったとしても数十万円～数百万円程度で収まります。

その一方で税理士報酬がどの程度かかるかというと、これがかなり高いのです。

相続税申告での税理士の適正報酬というようなものは決まっていませんが、税理士報酬の相場は、だいたい相続資産の0・5％～1％とされています。1億円の相続資産がある場合は、最低でも50万円程度になります。

また1億円を下回るような場合、最低でも0・5％かかります。

税理士報酬は、相続税の額に応じてではなく、遺産の額に応じてかかってきます。税理士報酬には、相続税の控除制度は関係なく、あくまで遺産全体に対して、料金が決められるのです。

だから、１億円の相続資産をもらった遺族が相続税ゼロ円の申告をする際に、50万円以上の税理士報酬を払わなくてはならなくなるようなケースもあるのです。

また相続税の基礎控除をギリギリ超えている４０００万円程度の遺産でも、税理士報酬は20万円以上はかかってきます。

「相続税額よりも税理士報酬のほうが高くつく」

というのは本末転倒の話ですし、それはやはり避けたいものです。

相続税の申告を自分でやる方法

この税理士報酬の高さを避けるためには、相続税の申告を自分でやってみることです。

先ほども述べましたように、相続税の申告書というのは、普通の確定申告の申告書よりもさらに複雑なので、一般の人にはなかなかとっつきにくいのです。

しかし不動産をたくさん持っているなど、資産の内容がそれほど多岐にわたっていなければ、自分でできないことはありません。若干、手間がかかりますが、数十万円の税理士報酬が浮くと思えば、どうってことないはずです。

自分で申告書をつくる際には、税務署を存分に使いこなしましょう。

というより、税などにまったく携わったことがない人が、相続税の申告書を自力で書くのはほぼ不可能だと言えます。

ですが、税務署の人に相談し、ややこしい部分を税務署に人にやってもらえば、決してできないことではありません。

相続税に関しては、税務署で一から十まで相談して大丈夫です。そして、疑問のある部分は、なんでも聞きましょう。

そして、税務署は納税者から聞かれたことについては必ず答えてくれます。

相続税に関しては、思う存分、税務署を使うべきです。

そもそも、税務署というのは、国民のためにあるものなのです。

また税理士には相続税が不得意な人もたくさんいますが、税務署に相談に行けば、必ず相続税の専門の税務署員が対応してくれます。

税務署を使いこなす方法

税務署に相談に行く場合は、まず最寄りの税務署（申告書を提出する税務署）に電話で問い合わせをしましょう。

そして「相続税の申告を自分でしようと思っている。申告書の作り方を教えて欲しいので、相談に行きたい」と言って、必要な資料などをあらかじめ聞いておきましょう。

だいたい、次のようなものがあれば、基本的な相談はできます。

●相続資産の内訳
●法定相続人の内訳
●相続資産の分配の内訳

税務署に相談に行って、一通りのことを聞いた後は、申告書の下書きも税務署で行いましょう。

税務署というのは、納税者の質問には必ず答えなくてはなりませんし、申告指導などの義務もあります。しかし、彼らは役人なので、なるべく余計な仕事はしたくないため、最低限のことだけを答えて、納税者を帰そうとします。

が、税務署員がもしそういう対応をしてきたとしても、「申告書の書き方がわからないので、具体的に教えてください」と言って、その場で書き方を教えてもらいましょう。そして、ややこしい部分（数字を記載する部分）は、税務署員に一つずつ教えてもらいながら、記載しましょう。

ただし、税務署も繁忙期というのがあり、その時期に行ってしまうと、どうしても粗雑な扱いをされてしまいます。税務署の繁忙期は11月後半から12月いっぱいまでと、2月から3月までです。その時期を外したところで相談に行きましょう。

税務署に一回行っただけでは、申告書を完成させることはできないと思われます。最低でも2〜3回は行かなければならないと思っておいてください。それでも、その労力で税理士報酬が数十万円浮くのです。

相続税は、相続人が「相続の発生を知った日（だいたい死亡日）」から10カ月以内に申告することとなっています。10カ月もありますので、何度か税務署に足を運ぶなどすれば、申告書を作成するには十分な時間があると思われます。

また、もし間違っていても、間違いが分かった時点で自発的に修正することもできます。

税理士は賢く利用しよう

相続税の申告は、自分でやるといっても限度があります。遺産の内容が多岐にわたっているような場合は、税理士に依頼したほうが無難だと言えます。

どういうときに税理士に依頼すべきか、その基準ラインはだいたい以下のようなものとすべきでしょう。

●相続税の納税額が概算で１０００万円以上見込まれるような場合
●自宅以外の不動産を複数持っている場合
●現金、預金、金融資産、自宅以外に多額の遺産がある場合相続税の納税額の概算値は、自分で計算してもいいですし、不安であれば税務署に行って聞いてみてください。

このような条件に該当する人は、遺産が数億円以上あるものと思われ、だいたい庶民の枠からは外れていると思われます。だから、本書の対象読者の方は、できるだけ自分で申告書を作ったほうがいいという事です。

税理士は誰だっていいわけではない

税理士に依頼するときに、気を付けなくてはならないのが、「いい税理士の探し方」です。一口に税理士といっても、ピンからキリまでいるのです。また税理士は、誰もが同じ能力、特色を持っているわけではなく、有能、無能、得意、不得意があります。

しかも税理士というのは、外からはなかなかその良し悪しがわかりにくいのです。

相続税の申告で税理士に依頼する場合、もっともやってはならないのが、「知り合いの税理士」に依頼することです。知り合いの税理士の場合、相続税が得意かどうか、有能かどうかがわかりにくいですし、もし無能だとわかった場合、変更がしづらいからです。

また会社経営者や、個人事業者が、自分の顧問税理士に依頼するというのも、同様の危険性があります。会社や個人事業の顧問税理士は、大概の場合、相続税を専門とはしていません。

実は相続税が得意な税理士は、あまり多くないのです。

だから、まずは相続税専門の税理士かどうかを確認する必要があります。

税理士の探す際のオーソドックスな方法は、「自分でインターネットで探す」「税理士会に相談する」などです。

いずれにしても、すぐに決めるのではなく、一度、税理士事務所を訪問して、いろいろ話を聞いてみることです。

税理士には、正規の資格試験に合格した税理士と、「国税ＯＢ税理士」の２種類がいます。

国税など税務行政に携わっていた公務員は、二十数年勤務すれば税理士資格を得られるという制度があるのです。

よく税理士のホームページなどで、「国税ＯＢ」を謳っているものがありますので、ご存知の方も多いでしょう。

資格試験に受かった税理士と、国税ＯＢ税理士のどちらがいいか、というのは、一概には言えません。

が、いずれにしろ、相続税が得意かどうかは確認する必要があります。

国税ＯＢ税理士の場合、国税時代のキャリアを聞いてみてください。そして、相続税担当の時期が長ければ相続税が得意だと言えます。逆に相続税を担当したことがなければ、その税理士に依頼するのはやめたほうがいいでしょう。

資格試験に受かった税理士に対しても、「相続税で受験したかどうか」を聞いてみてください。税理士試験は、税目が選択制になっており、相続税を選択していない税理士は避けたほうがいいでしょう。

また、これといった決め手がない場合は、なるべく大きな事務所の税理士に依頼するというのも手です。税理士をたくさん抱えている大きな税理士事務所であれば、相続税専門の税理士をつけてくれる可能性が高いからです。

第6章
庶民でも簡単！　海外居住すれば相続税はゼロ？

海外居住を使った相続対策

最後の章では、少しダイナミックな相続対策をご紹介したいと思います。

それは、「海外居住」です。

昨今、金持ちの相続税の節税方法として、非常に目につくのが「海外を使う」というものがあります。しかし、これは何も金持ちだけが使えるものではなく、普通の人でも条件さえ合致すれば有効な方法なのです。

今の日本は、完全に衰退傾向にあり、ジリ貧の状態にあります。少子高齢化は歯止めが聞かず、このまま行けば消費税や社会保険料はどんどん上がっていく可能性が高いのです。

しかも最近では、これに物価高が加わっています。

こんな国にいても仕方がない、と思っている人も多いでしょう。

筆者も、いま、本気で将来の海外移住を考えています。

そして海外移住をすれば、日本のバカ高い税金、社会保険料から逃れられることにもつながるのです。

特に「タックス・ヘイブン」を利用した節税は、現在、世界的に問題ともなっています。パナマ文書、パラダイス文書などで、たびたび世間を騒がしているので、「タックス・ヘイブン」という言葉をご存知の方も多いはずです。

タックス・ヘイブンというのは、税金が極端に安い（もしくは無税の）国や地域のことです。ケイマン諸島やパナマなどが有名ですが、香港、シンガポールもタックス・ヘイブンです。

タックス・ヘイブンとは、具体的にどういう税制になっているのかというと、たとえばシンガポールを例にとって説明しましょう。この国は、キャピタルゲインには課税されていません。つまり株式や不動産投資でいくら儲けても、税金は一切かからないのです。そのうえ、所得税は最高でも24％、法人税は17％と、日本に比べれば非常に低いのです。

だから、ヘッジファンドのマネージャーなどがシンガポールに住んでいるケースも非常に多いのです。

シンガポールは国策として、海外の富豪や投資家などを誘致しようとしています。彼らがたくさん稼いで、多額の金を落としてくれれば、シンガポールは潤《うるお》うからです。

そのため、さまざまな便宜を払っているのです。

そしてシンガポールでは、贈与税や相続税もありません。

だから大金持ちがシンガポールに移住し、投資などで稼いで、その金をシンガポール在住の子供に贈与すれば、税金はまったくかからないということになります。

世界中から富豪がこの国に集まってくるのも、無理はありません。

またシンガポールに対抗して、香港でも似たような制度を敷いています。香港にも同じように移り住む金持ちが増えています。


このように外国企業からの配当などで、大きな利益を得ている人は、タックス・ヘイブンと呼ばれる地域に住んでいたりするケースが増えているのです。

しかも、このタックス・ヘイブンは、税金が安いだけではなく、金融資産の秘匿を守るなど、富裕層にとっては非常に魅力的なサービスをしてくれる場所なのです。そして法律の専門家も多く、節税の手助けをしてくるのです。

このタックス・ヘイブンをうまく使って、相続税を逃れている人はかなり多いと見られています。

もちろん、海外に移住したり資産を移すとなると、それなりのリスクも生じます。なので、一定の資産がないと割に合わないことになります。

しかし、老後はどこか遠くで暮らしたい、海外でゆっくり暮らしたいというような方は、検討の余地があると思われます。

10年以上、タックス・ヘイブンに住めば相続税を逃れられる？

タックス・ヘイブンを使った相続税の節税術には、様々なバリエーションがあります。

まずもっともダイナミックな方法として、資産をタックス・ヘイブンに移し、相続人を海外に移住させ、その資産を贈与させるという方法があります。

こうすることにより、贈与税が課せられずに、生前に自分の資産を相続人に贈与することができるのです。

何度も触れましたが、現在の日本の税法では、年間110万円以上の金品を贈与した場合は、贈与税がかかってきます。しかもこの贈与税がかなり高く、3000万円を超える贈与をした場合は、55%の税金が課せられるのです。

そのため、資産家たちは、タックス・ヘイブンを利用して、巧妙にこの贈与税を逃れているのです。

この贈与税は、原則として日本人ならば誰でも課せられるものですが、海外居住者には特別な抜け穴があるのです。

現行の法律では、

「海外に10年以上居住し、日本国内に10年以上住所がない人が、海外の資産を贈与された場合は、贈与税がかからない」

ということになっています。

これは、贈与されるほう（受け取る人）だけが海外に居住していればよく、贈与するほう（与える人）は、日本に居住していてもいいのです。

だから、上場企業の創業者などが、自分の持ち株を海外のタックス・ヘイブンの会社に移し、その海外の会社の株を、10年以上海外に居住している子供などに贈与すれば、相続税はかからないことになります。

このスキームには、二つのポイントがあります。

一つは、タックス・ヘイブンにつくった会社に、自分の会社の（日本の）株を保有させ、自分は「タックス・ヘイブンの会社の株」を保有するということです。

日本にある自分の会社の株は、実質的には自分が持っている資産であり、日本国内資産です。しかし、海外のタックス・ヘイブンの会社を間にかませることによって、タックス・ヘイブンの会社の株＝海外資産ということになり、タックス・ヘイブンの会社が保有している日本の会社の株も、必然的に海外資産ということになるのです。

もう一つのポイントは、資産を譲ろうとしている親族（息子）などを10年以上、海外に居住させるということです。

つまり、「海外の資産を海外居住の人に譲渡する」という形をとって、日本の贈与税を逃れるのです。

つまりは、次ページの図のようなスキームです。

資産をタックス・ヘイブンに移し相続人を外国に移住させて、その資産を贈与させるスキーム

タックス・ヘイブンに「自分の持ち株を管理させる会社」をつくる
（これで自分の持ち株は海外資産ということになる）

⬇

息子など資産を譲りたい人を10年以上、海外に居住させる

⬇

タックス・ヘイブンの会社の株を息子に譲渡する（日本の贈与税はかからない）

実はかなり緩い「海外居住」のルール

このように相続人（資産を譲りたい相手）を海外に居住させれば、贈与税を払わずに資産を譲渡することができるのですが、実は「海外に居住する」ということのハードルはか

なり緩いのです。

「海外居住者」になるためには、別にガッツリ海外に居住していなくてもいいのです。

「海外と日本を行き来している人」でも、非居住者になれる場合があるのです。

日本の国内に住所がない「非居住者」になるには、1年間のうちだいたい半分以上、海外で生活しておかなければならない、ということになっていますが、実は厳密な線引きはないのです。

半年以上生活していても、実質的な住所が日本にあるというような場合は、「海外居住」とは認められないこともあるし、逆に半年以上日本に生活していても、「海外居住」が認められるケースもあります。

国税庁のサイトでは、日本での「非居住」となる条件として次のように述べています。

居住者・非居住者の判定（複数の滞在地がある人の場合）

1　国内法による取扱い

我が国の所得税法では、「居住者」とは、国内に「住所」を有し、又は、現在まで引き続き1年以上「居所」を有する個人を言い、「居住者」以外の個人を「非居住者」と規定しています。

「住所」は、「個人の生活の本拠」をいい、「生活の本拠」かどうかは「客観的事実によって判定する」ことになります。

したがって、「住所」は、その人の生活の中心がどこかで判定されます。

ある人の滞在地が2カ国以上にわたる場合に、その住所がどこにあるかを判定するためには、職務内容や契約等を基に「住所の推定」を行うことになります。

「居所」は、「その人の生活の本拠ではないが、その人が現実に居住している場所」とされています。

法人については、本店所在地がどこにあるかにより、内国法人又は外国法人の判定が行われます（これを一般に「本店所在地主義」といいます）。

2　租税条約による取扱い

租税条約では、わが国と異なる規定を置いている国との二重課税を防止するため、個人、法人を含めた居住者の判定方法を定めています。

具体的には、それぞれの租税条約によらなければなりませんが、一般的には、次の順序で居住者かどうかを判定します。

個人については、「恒久的住居」、「利害関係の中心的場所」、「常用の住居」そして「国籍」の順に考えて、どちらの国の「居住者」となるかを決めます。

これをわかりやすく言うと、「国内に住所があるか、現在まで1年以上日本に住んでいる人」が居住者となり、それ以外の人は居住者ではない、ということです。そして複数の国に居住しているなど、居住者かどうか微妙な場合は、生活の中心がどこかで、判断するのです。

だから海外に移住するといっても、ちょっと留学という感じでいくこともできるし、海外展開している会社経営者の息子であれば、海外駐在員のような形をとることもできます。

現在は、飛行機などの交通事情も整っているし、10年ほど海外に行ってみるというのは、まったく無理な事ではありません。その間、日本にしょっちゅう帰ってきてもいいわけです。

一般的な視点から見れば、明らかに「イカサマ」であり、法の抜け穴をついたずる賢い手口なのですが、実際にこの方法を採っている金持ちは、けっこういると見られています。

このようにして、大金持ちたちは、「合法的」に莫大な資産を親族に譲渡しているのです。

海外は脱税にも利用される

海外という場所は、節税だけではなく脱税にも利用されています。

本書の趣旨とは少し外れますが、海外居住者の税金の実態として、ご紹介しましょう。

海外というのは、国内に比べれば取引内容や財産を隠しやすい状況にあります。

国内の取引であれば、税務署は調べようと思えば、すぐに調べられます。銀行や金融機関に隠していても、税務署は文書一つで金融機関内のすべての口座をチェックすることができます。場合によっては、家探《やさが》しをすることもできます。

しかし海外となると、そうはいきません。

海外の金融機関を、日本の税務署が調べようとすれば、非常に煩雑《はんざつ》な手続きを要します。租税条約を結んでいる国に対しては、お互いに調査が出来る取り決めになっていますが、それも一定の手続きを踏まなければなりません。

また現地に赴いて調査しようにも、税務署も調査費に限りがあるので、そうそう海外に行けるものではありません。

なので、金持ちは海外を使って脱税をするようになったのです。

税務署もその点は気づいており、昨今では海外の資産隠しの摘発にも力を入れるようになってはいます。

また税法も改正され、様々な網の目もつくられています。

2013年末からは、「国外財産調書制度」がスタートしました。これは海外に5000万円超の資産を保有する場合、税務署に申告しなければならない、というものです。もし違反すれば、懲役刑もあります。

しかし、この申告をしている人は、現在のところわずかで、1万2000人程度しかいないのです。

日本にはミリオネアが300万人以上いるとされ、その中には海外に資産を移している人もかなりいると見られます。海外資産の申請者1万2000人というのは、1%以下であり、あまりにも少なすぎます。

それはつまり、資産をこっそり海外に持ち出し、海外で保管している人が相当数いるのではないか、ということです。

おそらく、申請者の数倍から数十倍はいると思われます。

また現在、日本から海外に100万円以上送金すると、金融機関から税務当局に報告されることになっています。

ただ、これで海外を使った脱税がなくなるということではないのです。

資産を報告せずに、現金で持ち出すケースもあるだでしょうし、地下銀行を使うという手もあるからです。

また国税当局の国際化は、進んでいるとは言いがたいものがあります。

日本の国税庁は、2002年に東京、大阪など4つの国税局に「国際取引プロジェクトチーム」をつくっています。このほかに、全国の国税局には国際取引の情報を専門に集める部署も設置されています。

また海外取引専門の調査官を養成するために、国際租税セミナーという研修を行っています。これは勤務経験が一定以上の職員を試験で選抜し、毎年100人を英会話、貿易実務、国際租税などを5カ月間かけて研修するというものです。

が、これで十分に対応できているとは、とても言い難いのです。

国際租税セミナーの研修修了者は、毎年100人しか輩出されません。100人ということは、国税職員の中の0・2％に過ぎないのです。10年かかっても、ようやく2％です。

そもそも、国税職員で英語を話せる者は非常に少ないのです。

筆者が国税に在籍していた当時（十数年前）、英語を話せる職員はほとんどいませんでした。日常的に話せるレベルではなくても、片言でも通じるレベルさえほとんどいなかったのです。

もし少しでも話せる人は、国際取引の部署に回されていました。国際取引のチームにいる人でも、ようやく片言で英語が話せるという程度だと言えます。

最近、国税の後輩に聞いてみましたが、実情はほとんど変わっていないようです。

英語を話せる職員さえ満足にいないのだから、中国語、フランス語、ドイツ語などはまったくお手上げだと言えます。

このような状態だから、相続税の脱税が横行しているのです。

国税が中国、東南アジアと広がっていく経済のグローバル化に対応するためには、さらなる努力が必要だと言えます。

「普通の人」の海外移住も増えている

とはいっても、普通の人にはなかなか海外移住などはできるものではありません。

が、定年退職した人などは、少し頑張れば「海外移住もどき」はできるはずです。

海外で暮らすという事は、経済上の魅力もあります。

日本は昨今、円安が進んでいて、世界的に見ると、決してモノが安い国ではないのです。

世界物価ランキングでは、常に上位を占めています。

ところが、タイやインドネシアなどの東南アジアは、日本から比べれば驚くほど物価が安いのです。

食事でも現地の人と同じものを食べるのなら、スーパーやデパートのレストランで食べても、500円も出せば、かなりいいものが食べられます。

住む場所も、月5万円も出せば普通に清潔なサービスアパートを借りる事ができます。

だから月20万円もあれば、夫婦でも相当に豊かな生活をすることができるのです。月30万円も出せば、大きな屋敷でメイドさんを雇うような生活も可能なはずです。

また東南アジアのほとんどの国では、一部の政情不安定国を除けば、だいたい先進国とあまり変わりのない生活をしています。タイなども、街中のあちこちにごく普通にコンビニがあるし、きれいな病院や巨大商業施設もいたるところにあります。

だから、日本にいるときとあまり変わらないような文化的な生活が、格安で送れるのです。

しかも、東南アジア諸国には、定年退職者を受け入れるために、特別のビザを用意している国も多くあります。一定の年金収入があったり、一定の財産がある人を積極的に受け入れているのです。

定年退職者のための様々なサービスを設けていたりもします。

定年退職者の日本人を誘致するために、日本人居住地域をつくったりもしているのです。

たとえばタイでは、避暑地のチェンマイなどに、日本人の定年退職者向けの移住地域があります。

日本の退職者は、金銭面では安定収入があるので、どこの国も誘致をしたがっているのです。

日本では、月20万円の収入しかないというと、かなり心細いものですが、東南アジアでは大金持ちの部類に入ります。そういう大金持ちが来てくれることは、大歓迎なのです。

海外移住すれば住民税、健康保険料も払わなくていい

海外移住をすれば、相続税対策になるだけではなく、住民税も払わずに済みます。転居先の国で住民税を払わなければならない場合もありますが、大方の場合、日本の住民税のほうが高いので得をすることになります。

住民税というのは、1月1日に住民票のある市区町村から課せられますので、1月1日に住民票が海外に移っていれば、どこの市区町村からも請求が来ないことになります（1月1日だけ住民票を移しても、年に半分以上海外で暮らしていなければ、後で追徴される可能性もあります）。

海外移住をすれば、税金のみならず健康保険料も払わずに済みます。

日本の健康保険料は上がり続け、現在では大変な高額になっています。現役世代でも大変ですが、定年後はますます大変になります。特に、サラリーマンを辞めたら入らなければならない「国民健康保険」は、非常に高いのです。国民健康保険料は地域によって金額の決め方が違ってきますが、だいたいサラリーマン時代よりはかなり割高になっているといえます。

だから、定年後は収入が大幅減になっているのに、国民健康保険料は増えているというようなケースも多々あるのです。

海外在住にすれば、そのバカ高い国民健康保険料を払わなくて済むのです。

ただし、国民健康保険料を払わないということは、医療費がかかった場合、全額自分で払わなければならないということでもあります。が、これは海外では医療保険などに入っていれば、カバーできますし、日本で国民健康保険料を払うよりはかなり割安で済むことが多いのです。

その点は、渡航先の医療情報なども含めて詳細に検討する必要があります。

また住民税も国民健康保険も、転居届を出し、住民票を移さなければなりません。その手続きをしていなければ、普通に住民税も国民健康保険もかかってきます。

また国民年金も、海外居住すれば払う義務はなくなりますが、65歳までは希望すれば加入し続けることができます。国民年金は直接自分に戻ってくるものなので、加入しておきたいという方は、手続きをお忘れなくしておきましょう。

退職一年目に海外移住をするのがもっとも節税効果が高い

定年後に海外移住を考えている人に、心得ておいていただきたいことがあります。

それは、退職一年目に、海外移住するのがもっとも節税効果が高いということです。住民税の仕組みから、そうなっているのです。

海外移住をした場合、安くなる税金（払わなくていい税金）というのは、住民税です。

そして住民税は、通常、前年の所得にかかってくるものです。

退職金に関する住民税は退職金をもらうときに完結していますが、通常の給料に対する住民税は、退職後にもかかってきます。

だから、退職して無職になった場合、その翌年は収入がないのに高い住民税を払わなければならないケースも多いのです。

3月末くらいで定年になった人ならば、それほど年収は高くなっていないので、翌年の住民税は大したことはないでしょう。

しかし12月末で退職した人などは、一年分まるまる給料をもらっているので、年収としてはかなり大きな額になっています。

住民税は、この年収の10％となります。退職翌年が無職で無収入になっている場合、この住民税はかなり負担が大きいはずです。

住民税というのは、1月1日に住民票がある自治体からかかってくるものなので、その日に海外に住民票を移していればかかってきません。

だから退職後に、長期の海外旅行もしくは海外移住を考えている人は、ぜひ退職翌年の1月1日以前に住民票を国外に移す事を考慮しておきたいものです。

また退職金からは、住民税が自動的に源泉徴収されてしまいますが、これをさせない方法もあります。それは、退職金をもらう年の1月1日に海外に住民票を移すということです。

退職金をもらった年の1月1日に、住民票が国内になければ、住民税はかかってこないのです。

これも、その年の半分以上を海外で過ごしていれば脱税ではありません。

有給休暇が溜まっていて、退職をする前に長期休暇をもらえるような人も多いはずです。その長期休暇を使って海外旅行に行きたいと思っている人もいるでしょう。そういう人は、退職する年の1月1日に住民票を海外に移すことを検討してみてください。

大村大次郎（おおむら・おおじろう）

大阪府出身。元国税調査官。国税局で10年間、主に法人税担当調査官として勤務し、退職後、経営コンサルタント、フリーライターとなる。執筆、ラジオ出演、フジテレビ「マルサ!!」の監修など幅広く活躍中。主な著書に『億万長者は税金を払わない』（ビジネス社）、『あらゆる領収書は経費で落とせる』（中公新書ラクレ）、『会社の税金元国税調査官のウラ技』（技術評論社）、『起業から２年目までに知っておきたいお金の知識』『河野太郎とワクチンの迷走』『ひとり社長の税金を逃れる方法』『マスコミが報じない〝公然の秘密〟』『国税調査官は見た！ 本当に儲かっている会社、本当は危ない会社』（かや書房）など多数。You Tubeで「大村大次郎チャンネル」を配信中

相続は〝普通の家庭〟が一番危ない

2024年12月5日　第1刷発行

著　者　大村大次郎

発行人　岩尾悟志
発行所　株式会社かや書房
〒162-0805
東京都新宿区矢来町113　神楽坂升本ビル３F
電話　03-5225-3732（営業部）

印刷・製本　中央精版印刷株式会社

ISBN978-4-910364-60-5 C0033